Wired for Dating

How Understanding Neurobiology and Attachment Style
Can Help You Find Your Ideal Mate

by Stan Tatkin, PsyD.

戀愛腦依戀障礙

如何既享受粉紅泡泡，又能尋得理想伴侶？

史丹・塔特金 博士 著

童貴珊 ——譯

好評推薦

看到史丹．塔特金寫了本非常務實的約會指南書，真的太棒了！這本書的主題包括：你要尋找什麼？如何面對網路交友網站？你要如何認識自己？如何審查與檢視你的潛在伴侶？以及如何以冷靜的方式尋找人生最大的贈禮——一段穩定長期的伴侶關係。本書兼具感性與理性的闡述，而且是建立在紮實的神經科學與依附理論的根基上，精彩的提問、練習的功課與充滿智慧的建言，融會貫通全書。這真是一本特別的書，我收穫很多。

——海倫．費雪（Helen Fisher）博士

羅格斯大學生物人類學教授，世界知名交友網站 www.match.com 首席科學顧問。

《我們為何戀愛？為何不忠？》（*Why Him? Why Her?*）、《我們為何愛？》（*Why We Love*）

《第一性》（*The First Sex*）、《性愛契約》（*The Sex Contract*）等書作者

對每一位交往中的伴侶來說，你比任何時候都需要這本書，真不該錯過！《戀愛腦依戀障礙》不只提升伴侶在約會中旗開得勝的機率，作者史丹．塔特金博士還提供了以科學為依據的方法，輔予精闢的見解與可操作的練習技能，讓讀者可以循序漸進，開創更持久

與深刻的親密關係。這本書可以翻轉我們今天身處的文化。

——依立夏．高斯坦（Elisha Goldstein）博士
設立於洛杉磯的「正念生活中心」（The Center for Mindful Living）共同創辦人

在建立安穩與心滿意足的關係之前，或許沒什麼比舉步紛雜的約會之舞更難跳、更舉足輕重了。在這千折百轉的過程中，作者史丹．塔特金博士成功找到一條出路，化繁為簡，同時又不動搖這道關乎人生核心議題在科學與臨床實踐的根基。本書《戀愛腦依戀障礙》內容豐富，除了保有靈活的應用與適切的引導之外，同時也為情緒療法做出意義非凡的貢獻，特別適合正在經歷悲喜交織、思緒萬千的伴侶來閱讀。

——彼得．列文（Peter A. Levine）博士
《喚醒老虎》（*Waking the Tiger: Healing Trauma*）作者

這本書引導讀者在約會前後學習如何表現自己、審視潛在伴侶同時避免無意間破壞了關係；內容循序漸進，學習過程也有所依據，一步步趨近目標。

——丹尼爾．懷爾（Dan Wile）博士
《蜜月之後》（*After the Honeymoon*）作者

如果你正考慮開始約會，或心繫某位剛認識的對象，或已找到你人生中的摯愛，那閱讀這本書會讓你眼界大開，深化你的經驗。作者史丹．塔特金成功把依附理論與神經科學研究結合起來，帶我們踏上一段奇妙的旅程，穿越約會、配對與愛情的世界，悠遊其間。

——瑪麗安．梭羅門（Marion Solomon）博士

《自戀與親密》（*Narcissism and Intimacy*）、《靠著我》（*Lean on Me*）作者

和另一個人的相識相戀到相處，未必是偶然的緣分，其實可以好好安排與慎選。這本《戀愛腦依戀障礙》的作者史丹．塔特金博士，詳實闡述你需要知道與行動的重點，幫助你談一場踏實美好的戀愛。對每一位想要在一段長久穩定的關係中尋找幸福的讀者——無論你的年紀，無論你過去的感情經驗——書中的專業建議，都非常適合你。

——比爾．歐漢龍（Bill O'Hanlon）

《愛是動詞》（*Love is a Verb*）、《重寫愛的故事》（*Rewriting Love Stories*）共同作者

史丹．塔特金的這本著作《戀愛腦依戀障礙》發掘了一段個人與關係的精彩探索，含金量極高的智慧指引，把約會這複雜莫辨的千古難題，解析得很到位，讀來清晰易懂。依照作者的生物心理學方法，你會在約會的功課上更駕馭自如，游刃有餘。作者引導你學會研判紅色警戒，也找到練習與掌握技能的方向，進而發展一段長期穩定、成功在望的伴侶

關係。你現在就可以信心滿滿地慎選自己的人生伴侶，也理性認清雙方是否適合相伴一生。閱讀《戀愛腦依戀障礙》這本約會指南，是你在尋找伴侶的人生課題上其中一件最重要的決定。

——埃琳・巴德（Ellyn Bader）博士
美國加州門洛公園的「伴侶學院」（The Couples Institute）共同創辦人

這本由史丹・塔特金博士所撰寫的書，內容精彩，機智靈活，為讀者指點迷津，見解高明而全面，幫助你找到那一位值得你全心付出與努力的另一半，同時發出那句無比重要的提問：「此人是我的理想伴侶嗎？」作者塔特金教導讀者如何善用強大的大腦，左右開弓，最後再做出正確決定。當情感遇上科學，感性結合理性，你就是最大贏家。作者揭開約會的神祕面紗，好讓你能享受與深愛伴侶之間妙不可言的過程。現在，你可以在安穩的基礎上，放心約會，展開你心馳神往的愛之旅。

——彼得・比爾森（Peter Pearson）博士
美國加州門洛公園的「伴侶學院」（The Couples Institute）共同創辦人

本書作者史丹・塔特金，是當今伴侶關係議題上其中一位最重要的發言人。他的知識是建基於實驗與研究之上，兼具理論與實用，巧妙融合了智慧與風趣。這本《戀愛腦依戀障礙》值得你花時間好好閱讀，充滿啟發與洞察力的內文，會讓你受益匪淺。

——派特・羅夫（Pat Love）

教育博士、婚姻與家庭治療師、《不必談論也能改善你的婚姻生活》（*How to Improve Your Marriage Without Talking About It*）共同作者

史丹・塔特金可說是伴侶關係與諮商領域的領航者之一。作者在這本《戀愛腦依戀障礙》中引經據典，講解伴侶關係的科學面向，幫助讀者發展一段充滿安全感、有意義的親密關係。這本書深入淺出，易讀又實用。我建議你在戀愛旅程出發前，先好好研讀這本書，帶上地圖，確保一路順暢，安抵目的地。把這些方法學起來，你和伴侶便可一起擘畫未來藍圖，讓關係長久延續。

——傑弗瑞・薩德（Jeffrey Zeig）博士

艾瑞克森基金會（The Milton H. Erickson Foundation）創辦人與執行長

當我在約會時，史丹・塔特金在哪裡？我強烈推薦《戀愛腦依戀障礙》這本書給所有準備好發展一段穩定關係的人。作者塔特金以明瞭易讀、高實用性且機智有趣的方式，帶領讀者進入約會領域所涉及的神經系統，與科學、生物心理學、神經生物學等相關聯的運作方式。

——艾拉妮絲・莫莉塞特（Alanis Morissette）

藝術工作者與社運人士

致愛妻崔西（Tracey）與女兒喬安娜（Joanna）

謝謝你們使我持續前進，熱愛生活

目錄

前往幸福的25個練習索引

推薦序

唯有在關係中，我們才能茁壯成長

——哈維爾．漢瑞克斯博士（Harville Hendrix, PhD）
——海倫．拉凱利．亨特博士（Helen LaKelly Hunt, PhD）

源自人類社會的十八世紀產物——「約會」——是相對較近期的社會行為；由此開始，自主戀愛而結婚，開始取代包辦婚姻。在這之前，絕大多數的傳統文化不會讓你有機會檢視你的伴侶人選，你自然也沒機會吸引你的結婚對象，或喜歡上對方。你只需要考量家庭的社群脈絡和經濟利益，為此而結婚。

當自主結婚逐漸成為主流趨勢以後，見過世面的長輩——媒人——憑著他們的智慧和直覺，幫助潛在的伴侶人選，爭取更多自由和機會去認識並嫁娶自己喜歡的對象。稱職的媒人，可以透過適切合理的調查，讓單身人士輕鬆審視與衡量雙方條件，看看彼此在經濟和社會上是否門當戶對。在最近幾十年來，社會和經濟條件的匹配登對，顯然已不再那麼重要，反倒是彼此之間的共鳴與默契，才是重點。現代的約會文化，透過「搜尋與發現」的約會過程，已成主流，比比皆是，大家藉此探索與認識心儀的潛在伴侶——隨興所至的會面、朋友引薦、參加各種俱樂部和團體活動、到酒吧邂逅，以及無所不在的網際網路。我們不再依賴經驗豐富的長輩和他們的智慧，而是把對於伴侶的選擇，冀望於本能、緣分或直覺判斷。但結果往往事與願違，找到的伴侶和夢中情人的期待，天差地遠，以致後續的婚姻生活過得苦不堪言，和當初約會時的熱烈歡愉，落差甚大。

我們置身於一個有別於過去的新約會時代，在這裡，本能、直覺和智慧，備受新的關係學所啟發。根據這門新的關係科學——如本書所釋——伴侶的選擇，其實可以大獲改善，對婚姻的準備，也可能成為婚姻成功的關鍵；每一位潛在的伴侶人選，都可以勇於宣稱「幸福婚姻是可能的」，而婚姻的質量，還可以天長地久。

所謂關係科學，使我們能深入掌握「情緒發展」與「神經功能」這兩大因素，如何影響我們對伴侶的選擇、關係質量與婚姻的維繫。這樣的分析，為婚姻開闢了新局面與未來，不但可以挽救自古以來「快樂約會」與「幻滅婚姻」之間的大落差，甚至進一步預示了未來的離婚率，將大幅降低百分之五十。

本書《戀愛腦依戀障礙》的宗旨，就是為了幫助讀者善用約會的過程，發展一段精彩生動、深遠綿長的關係。雖然作者無意在此提出太宏觀的社會觀察和角度，但他對約會過程的敘述，以及如何提升伴侶選擇的成功率，著墨甚深，為一夫一妻的婚姻維繫、親密關係與人類福祉，帶來新希望。在作者史丹．塔特金的價值系統中，婚姻品質與社會健康之間存在因果關係的認知，也和關係學中所謂約會新時代的願景緊密關聯；而這樣的願景，也預告了新的社會秩序——現代的文明之愛——已往前跨了一大步。

這三十年來，我們一直投入在增進夫妻關係的工作，包括寫作、諮商治療，同時也舉辦夫妻研討會。我們一心期待夫妻之間可以重建親密的夥伴關係，這個新的可能性，可以讓原有的婚姻重燃愛意，下修過去六十五年來百分之五十的離婚率；同時提升我們整體社會的關係品質。值得一提的是，要從衝突矛盾的關係轉向情感連結，其中應該包括政策的修正——在申辦結婚證書前，國家要規定準新人先報名學習「幸福婚姻」的婚前課程。眾所周知，無論汽車駕照、美髮設計或電器維修的領域上，都必須完成一段漫長的學習課程並通過考試才能領取合格證照；相比之下，當我們準備做出人生重大的決定——領取結婚證書之前，為何可以如此輕率？居然只需花個幾塊美元和雙方簽名，便大功告成？除了結婚不需考照，生兒育女亦然。看來，有些事應該要改變了。

從我們的角度來看，問題的癥結，是我們的文化價值觀。兩個世紀以來，追求個體性的獨立自主、推崇獨善其身的個人主義，已成為強勢的主流文化。相形之下，關係已被視為次要的價值，甚至是個體與自我之外的附屬品，人與人的關係，成為個人主義的犧牲品——能不能為自己打造一段幸福的關係，已無關緊要，可有可無。

本書《戀愛腦依戀障礙》中，作者史丹．塔特金澈底顛覆了上述的世界秩序，他指出——自愛與自利，本不是戀愛關係的起點。作者引用嬰兒與照顧者之間的關係作為論述，直指人類在能夠愛人之前，已經先被愛了；對他人付出的同時，也強化與保有了自我自利的完整。這樣的主張對個人優先的神話，無疑是個挑戰，而且以科學的論證來取而代之，證明我們的核心價值，是關係的存在，我們的幸福感，也取決於我們與他人的關係。事實上，以「人作為社會性生物」的前提下，生理上的神經學已反映出人類的大腦，是需要互動才能成長的；因此，人與人之間的互動品質，決定了我們的大腦是否健康。

我們生於關係中。我們在關係中受傷，也在關係中治癒；也唯有在關係中，我們才能茁壯成長。換句話說，我們需要「有人」交流，才能茁壯成長。這個論點值得不斷重申與強調：關係，才是最首要的實況。個體與自我，是關係之外的延伸。這是個意義重大的典範轉移，這樣的改變可以透過婚前的約會，把關係科學付諸行動，而逐步實現。這本書不僅為滿懷憧憬的夫婦提供方向；也在作者所闡述的觀點與應用中，以積極的方式，影響了主流文化的價值結構。

推薦序作者簡介：

哈維爾・漢瑞克斯（Harville Hendrix）博士與海倫・拉凱利・亨特（Helen LaKelly Hunt）博士，他們是生活與工作上的伴侶。共同創建「意象關係療法」（IRT），並成立相關的「意象關係國際公司」（Imago Relationships International, Inc.），支援全球三十七國的伴侶諮商師提供意象療法；並共同撰寫數本與親密關係有關的書籍，其中《相愛一生》（*Getting the Love You Want*）不僅名列《紐約時報》（*New York Times*）暢銷書，多年來已被譯成六十種語言在世界各地出版。漢瑞克斯曾受邀在「歐普拉脫口秀」節目中受訪多達十七次；妻子亨特獲入選「國家女性名人堂」（National Women's Hall of Fame）。

前言

成功許下終生承諾

如果你已選上這本書來翻閱，那或許你正有意尋找一段浪漫的伴侶關係。形式不拘而多元。可以是傳統的婚姻關係，有法律約束力的婚約，或某種長期承諾的伴侶關係。可以是異性戀或同性戀。可能多多少少都離不開「浪漫」的元素。也許你並不十分確定自己是否有信心或已準備好許下完整的承諾，但你確實渴望深刻與踏實的陪伴。當然，你或許只是想試試水溫，探索一下你的選擇。無論任何情境與心境，所謂約會——一種屬於我們人類社會中探索與建立關係最常見的普遍方式——已然被端上檯面，甚至早已在你腦海中醞釀成形。

身為伴侶諮商師，我同時也為戀愛中或想要尋找伴侶的朋友舉辦研討會，多年來投身於這個領域的經驗，使我對這些情境與心態，瞭若指掌。比方說，我經常看到有些人一邊渴望找到伴侶，一邊又因戒慎恐懼而逃避親密關係。有些人則明明已經約會一段時間了，卻猶豫不決，不知如何確定交往中的對象是否適合長期發展，或應該先行退場、另覓他人？另外一些人則因在關係中受過重傷，而質疑約會的價值，何須如此勞煩？還有一些人是已經離開約會舞台數十年的老將了，如今又被推上台，他們想搞清楚自己是否還有能力重新經歷這些過程。

無論上述哪些情境最貼近你的實況，約會都可能是個挺嚇人的事。如果你從來沒做過，可想而知，那確實令人心生畏懼。我們在書本、電影、社交媒體和周遭朋友的生活中，經常看到各種與浪漫相關的畫面與情節，但當你試著自己去開創這些浪漫情節時，那又是另一回事了。尤其當你踏出一步和他人見面卻又老是找不到合適對象時，對你來說，約會自然引起內心的焦慮不安與挫折。一個又一個，一場又一場，直到你開始感到厭煩，甚至憤而決定不玩了。如果你早已離開約會舞台多年，與人見面約會想必令你不知所措，對你來說，約會很可能是充滿壓力與惶恐不安的挑戰。

坦白說，當有人要求我寫這本書時，我的第一個想法是，世上真的需要一本討論「約會」的書嗎？這個議題早已說了再說，不計其數。但事實上，我每一天仍不斷面對「不知如何建立一段成功關係」的人，在困惑中渴望尋找出路。儘管資訊和建議很多，但他們仍搖擺不定，不知如何前進。有時候，這些受困的人毫無頭緒，不曉得如何修正他們自認犯下的錯誤。對這樣的人來說，他們不但不享受約會，反而視此為畏途，避之不及。他們甚至開始懷疑建立浪漫關係的意義，所為何來？

我之所以決定寫這本書，是因為我相信我提供的約會途徑，不但可以找到浪漫關係，也是你在其他地方找不到的出路。我的方法是結合身心的「生物心理學」原理。在此架構下的討論，會引用科學的角度與理論，來研究浪漫關係中的心理與生理學變化。其中離不開神經科學的發展、依附理論與喚醒論（arousal）等不同領域的觀點。

神經科學是對人腦的研究。除此以外，它也幫助我們理解人際關係中如何行動和反應的生理學基礎。譬如，當你在判斷潛在伴侶是否吸引你時，其實背後牽制你的大功臣，是你大腦中最原始的自動化功能。大腦中不斷強化的社交進展與自動化功能同心協力，推波助瀾，讓你進而有所作為——譬如，你開始去解讀對方的臉部表情、情緒狀態與社交暗示——由此而提升了約會成功的機率。

從「依附理論」看來，我們與他人建立關係自有其生物需求。例如，與人連結有助於我們理解，形塑生命中最原初的關係類型，如何在我們後續人生的關係中奠定安全感的基礎。有些人本質上在關係中就安全感十足，有些人則安全感不足。缺乏安全感會讓你難以接近潛在對象，或使你對約會充滿矛盾與卻步。當然，行之有年的感受無法讓你在彈指之間澈底改變你本質性的傾向，但關係連結的型態，也非千遍一律，仍有許多彈性空間。我會在書中逐步說明，幫助你如何在健康的關係中，獲得更大的安全感。

人類的喚醒生物學或喚醒論，是另一個理解關係的良好依據，同時也對約會議題，提供獨具創見的角度。從這層意義上來說，這裡所謂類似衝動的「喚醒」，並非特別指向性勃起，而是包含更一般的個人能量、警覺意識與投入準備的管理能力。以約會來說，這意謂著你不但可以免受自己的情緒與感受所箝制，擺脫它們的支配；反之，你還可以充分掌握管理自我感受的能力，甚至去影響、安撫與激勵你的伴侶。

在我上一本著作《大腦依戀障礙》（*Wired for Love*）中，我把這種「生物心理學」的方法論，應用在交往中的情侶身上，幫助他們改善關係。我在書中的前提假設是我們天生傾向戰鬥，而非相愛。當我們缺乏安全感、失去自我情緒的管理能力時，直接造成我們大腦中負責戰鬥的元素占上風，無論我們多麼抗拒，仍無法扭轉局勢。在《大腦依戀障礙》中，我提出了十項原則，以及具體可行的應用技巧與練習，幫助伴侶朝著相愛相親的方向前進，讓雙方在彼此相屬的對方身上，滿足他們真正渴望的那部分。

而今，我很欣慰能透過這本書，深入探討關係旅程中更早的一步：「約會」。我的想法是，我們絕對有權力去搖動鐘擺，左右思索與衡量，好讓我們可以好好準備，再出擊；去尋找伴侶，而且成功許下終生承諾。

《韋氏字典》為「約會」下了個定義：「一對想要結婚的伴侶共同完成的系列社交活動」。我相信大家都會不約而同覺得這樣的定義，未免太簡化狹隘，難以全面涵蓋現代社會對約會的所有緣由。至少，以本書的寫作宗旨來說，所謂「約會」更類似「人們尋求建立安全關係的一段社交過程」。

本書的中心思想，其實就是——一段成功的關係，其核心重點，是來自安全的社交互動與關係。發揮安全功能的原則，建基在依附理論和研究中，這樣的關係至少具備以下幾項特質：

♥安全的（「我們互相保護」）

♥敏銳的（「我們理解彼此的需求」）

♥平等正義（「我們樂於盡速修復所發生的任何傷害」）

♥同心協力（「我們一起」）

♥真實的相互相屬（「互惠互利，福祉共享」）

因此，我們會說，一段安全的社交互動中，兩造之間的夥伴關係，是建立在敏銳、平等正義，以及真正互屬的關係基礎上。其實，我們都有這些基本的關係連結與特質，但有時候，我們很需要強化這種連結，以抵擋任何反作用力的傾向。

想要在人際關係中旗開得勝的途徑，其實很多，但這本書的主要目標，是要幫助你找到那位單身、願意廝守一生、一夫一妻制的伴侶。因此，如何去理解和落實安全的社交互動，是關鍵原則。我不但要引導你如何為約會做好準備，還要教你如何善用約會的過程，來建立一種（或成為）安全互動的浪漫關係。我深信這樣的方法，可以為那些曾在約會過程中經歷恐懼與挫折的許多人，提供最有效的解決出路。放心吧，不管你自己心懷哪些特定的恐懼、猶豫或擔憂，這些解方都具備共同的內容。

接下來，我把一般適用於約會的生物心理學原則，總結成主要的內容。正如你所看到的，這些大綱與安全的社交關係特質，是前後一致的：

1. 約會對象要保證彼此的人身安全；縱使雙方還不熟悉，仍要互相保護。
2. 約會對象要能理解，且意識到要回應彼此的需求。
3. 約會對象能及時採取行動，努力修復這段新關係中可能出現的任何傷害。
4. 約會對象要認知彼此都處於互相探索的過程中，雙方都願坦誠相見，更深了解彼此。
5. 約會對象以相互相屬的真實關係，彼此相待；無論個人的交往方式如何，雙方都達成共識，那就是命運共同體的認知，你看為好的，對我亦然。

從本質上來說，如果你和潛在伴侶能澈底落實這些原則，你們的關係極有可能走向確定交往的成功目標。反之，你若發現約會的互動中不符合這些關係原則，那麼，你就有充分的理由結束這段約會關係；然後，另找他人，再接再厲。

這本書的架構，與約會旅程的發展弧線和走向大致相似。從第一章，或許從你踏上首次約會之前就開始了。我在這一章會詳細介紹我對約會的看法與方法，你可以藉此在開始約會前，先對各種問題深思熟慮；譬如：你期待什麼樣的伴侶與關係類型？線上約會有哪些優勢和缺點？同時也談談一些普遍存在人際關係中的迷思。即使你已開始和某人約會，也建議你不要跳過這一章。釐清自己想要什麼——永遠不會太遲。

第二、三、和第四章，我們繼續來說說第一次約會或前幾次的約會情境。我們先聚焦討論一件事：當你被某人吸引時，當下到底是怎麼一回事？你可以從最初階就開始檢視眼前這位潛在對象，你也可以透過一些行動來確認自己是否全力以赴，在對方心中留下最好的印象。容我重申，即使你已開始在約會了，這幾章內容所包含的資訊、技巧與方法，都有極高的參考價值，無論你處於哪個階段的約會中，都值得你好好理解。

從第五章到第八章，我們將更深入探討約會的過程。由此開始，你從隨機找人約會轉向比較嚴肅的正式約會。這個轉換的過程，可能需要大約一年的時間，所以，如果你還沒開始任何約會，那你更要為了美好的將來，好好翻閱這些內容。第六章到第八章，我們特別提到三種主要的關係類型——島嶼傾向、浪潮傾向與錨定傾向中會面對的問題——這部分我稍後會再詳細論述，同時檢視不同性格的合作伴侶，如何展現安全的社交關係。

第九章的內容，實則延伸說明第三、四章所提及的原則。你可以從中理解自己和潛在伴侶間如何互相安撫、如何妥善處理當下的矛盾與衝突。在一段關係走到這個階段時，你接下來有兩條路可擇其一：你可以分手，或許下承諾。第十章要討論的，就是如何確定是否已達分手的大限。如果你覺得分手已成定局，那麼，如何處理分手？如何盡可能速戰速決又能輕鬆自在、另覓他途，再持續前行？最後，第十一章，我會向你說明，如何提升你和約會對象的關係，引導你們走到一個嶄新境界，當然，我得假設你覺得自己已做好萬全準備；然後，就是幫助你如何與伴侶建立共識與正式的約定，好讓雙方未來的關係，能奠定在更健康、穩定、相愛相守的承諾與基礎上。

每一章都附上功課，我鼓勵你實際去練習。這是一本關乎你的書，投入心思去練習，這些內容就成了你個人的事，而非事不關己的客觀敘述而已。當然，有些練習或許特別適合你，具體的功效取決於你在整個約會過程中所處的位置與角度。沒關係，請放心專注在某些內容，其他的留待日後再處理。

當你按部就班閱讀各個篇章時，你自然會逐漸累積約會目標所必備的各種認知與方法。每一個讀者的實況各異，對約會目標的設定也會因個人的內在傾向而有所不同，這些都是正常的。有鑑於此，我把所能想到、涵蓋各種面向的約會案例，都收錄起來，希望你能從中找到符合你真實情境的例子，還能藉此向歷練豐富的其他人多多學習。最後一章，當你總結綜合所有內容時，我深信，你應該已能駕輕就熟，可以從根基開始，建立一段同心同行、穩定長久的伴侶關係。

第一章

約會之前

任職空姐的碧芙，至今仍單身。在家休息了一週後，這天和年齡相近的姊姊朵洛希約好見面一起喝咖啡。姊妹倆一邊加奶球和糖，談笑風生，內容自然轉向她們常聊起的話題：人際關係。

碧芙先表明自己已開始下載使用姊姊推薦的線上約會網站。碧芙對姊姊說：「我知道這對你有用，但我不確定這服務是不是適合我。我自己花了很多時間試著去找個完美的對象，所以就這方面來說，我其實也搞不懂還有什麼工具能幫上忙——更別說我上個月就已經滿四十歲了。

「我還比你大一歲哦！」朵洛希提醒她。離婚後的朵洛希，現階段正和一個和她一樣離過婚的男人約會，這位交往對象是她在網路上認識的網友。

「我真替你高興。」碧芙說，「那你去年約會的那個男生呢？」

朵洛希有些不安的乾笑幾聲。「你知道嗎，原來他已婚啦。他竟然在個資上忘了填寫自己已婚的事實欸。」

「拜託，這也太扯了吧！」碧芙搖搖頭道，「我真的聽說太多類似的約會惡夢。或許我會繼續保持單身吧。我熱愛我的工作，而且，我現在這樣的生活也挺好的。」

朵洛希雖然認同這些約會夢魘確實存在，但即便如此，她還是想再接再厲，就算冒險也值得。「你沒發現任何有趣的人選嗎？」朵洛希窮追不捨問妹妹，「我覺得你是想找一個創意十足的人。」

碧芙隨即把幾位有回應她的名單找出來，其中大部分是藝術工作者和音樂人。因為空姐的工作忙碌，碧芙只有機會和其中一個對象碰面。對方很有吸引力，但碧芙也認清男生的經濟狀況不太穩定。

「如果我們真走在一起了，我就必須支持他。看來，這顯然不在我的選項中。」事實上，和碧芙接觸的那位音樂人，給她一種傲慢的印象，碧芙也覺得其他男性確實比較想找年輕女性。她下了個結論：「也許我年紀太大了，已經失去和別人分享生活的動力。更何況，誰能保證一段美好的婚姻呢？」

如果你對約會躍躍欲試，那碧芙的狀況和結論或許聽起來有點極端。我為什麼要把這個令人洩氣的個案納入內容中呢？因為我遇過太多和她際遇類似的朋友，尤其一些已經約會了一段時間的人，有不少最終都被約會經歷擊敗，因而進退兩難。有些人開始打退堂鼓，就此停擺。也有人不抱太多期待，甚至做好失敗的心理準備。這些朋友的共同點是，他們其實還不清楚——為何約會？想和什麼樣的對象約會？期待建立什麼樣的關係？

本章要討論的主軸，都是在你啟動約會前，要提前考慮的議題，好讓你能為約會過程未雨綢繆，整裝上路。不過，如果你目前已積極約會中，這些問題仍值得你重新鞏固根基，好好解決任何潛在的問題和擔憂，一切都來得及。或許你和碧芙一樣，覺得自己多年來的努力都白費了，請你不要灰心喪志：還有希望。本章內容，將詳細說明關係本質的建構，幫助你打好基礎。

首先，我們來探討約會過程中，經常被提及的普遍問題與假設，尤其是那些可能降低成功機率的假設。我會更詳盡介紹「生物心理學」的方法論背後，所依據的科學原理，帶你一起權衡線上約會的利弊，解構有關約會與人際關係的迷思。

你的起始點

約會的原因，不勝枚舉：想結婚和成家、逃避孤獨、建構獨立生活、拓展朋友圈或探索新的社交體驗。這些都是正當理由，但我在本書內容中只擷取一個假設來說明——我假設你的約會理由，是因為認真想找個可靠的理想伴侶。在這前提假設下，我們首先來檢視，你對理想伴侶的類型和關係類型有哪些想法和先入為主的觀點？釐清你個人的想法很重要，因為這關乎你未來決定要和什麼樣的對象發展什麼樣的關係。

我要大膽假設：不論你的性別、也不管你承認與否——我猜想你大概最希望能找到特別的「那一位」就好，而不想多找兩三位或多多益善。你或許也期待能找到長久的穩定關係，同時發展出彼此倚靠的情感。其實，如願以償的機會很多。另外，我也冒昧猜測，你其實一心想知道，到底所謂忠誠互信的深度關係，是否可能？就算你樂見其成，你或許也想了解這些目標是否值得追求？你可能覺得自己天生孤僻，不擅處理人際關係。你也可能認定這些配對媒合是個陷阱，最好避而遠之。總之，一如碧芙的情境，現在的你，對約會和深度關係的發展，很可能還抱持很大的懷疑。

和購車買房相比之下，尋找理想伴侶沒那麼明確直接，確實複雜太多了。當我們談到尋愛或求偶這檔事時，生物性和社會性的影響，可能因人而異，角度分歧。或許你生物性的特質會促使你期待一段忠誠可靠的關係，但你所置身的社交關係與群體脈絡的主流風向，卻是一股巨大的反向拉力。比方說，假設你是個年輕人，而你身邊的朋友寧可把大部分時間耗在網路交友上，而非面對面的約會，那你即使再不認同，也難免受主流氛圍影響而跟著同儕方向走。同理，若你接觸的電影情節或電視節目內容都把多元伴侶或無縫接軌、一個接一個交往的伴侶關係視為常態，那你大概也很難不受影響。這種類型的社交模式與趨勢，極可能會讓你開始懷疑——原來認定為建立關係的最佳途徑，到底對不對？我們將在後續內容中，更詳盡討論這種二分法的論述。

【練習1】

你的夢中情人

我剛剛舉了一些多數人在尋找伴侶時的內在動機與緣由。但更重要的，終究是你真正想要什麼。以下我列了十個問題，希望有助於釐清你心中的期待，同時也幫助你在整個約會過程中更感踏實。

1. 你的理想伴侶要有什麼外型條件？其中包括對方的性別、年紀、髮型髮量、身高體重、服裝儀容。
2. 你認為自己最可能在什麼地方或什麼場合方式下，和你的理想伴侶見面？
3. 你的理想伴侶要有哪些主要的人格特質？
4. 你的理想伴侶要有什麼樣的戀愛史？
5. 你的理想伴侶要有什麼樣的經濟狀況？包括對方的職業、喜好、興趣。
6. 你的理想伴侶要如何待你和他人？
7. 和理想伴侶從第一次約會到初吻，到同床共枕、到訂婚、結婚和生兒育女，你覺得這些各別目標的達成，該歷時多久？
8. 你的理想伴侶每天早上要說的第一句話、或做的第一件事，是什麼？
9. 你的理想伴侶在你下一次生日時，該送你什麼禮物？
10. 當意見分歧時，你的理想伴侶該如何反應？

你可能會想要一一回答這些問題，或把問題記錄在手機裡，方便你日後展開約會過程時，可以回頭來檢視。當你越來越清楚自己期待的理想伴侶後，請隨時做好準備，因為你的答案會有所變化與調整。

配對與相連

當我大膽假設你可能只想找「特別的一位」對象來約會時，我不是隨口亂猜。事實上，我的猜測是有科學依據的。有許多相關的科學原則能幫助我們從生物心理學的觀點來驗證和說明，讓我們一同來發掘，看看一些事實例證。

一個合乎科學基礎的事實：人類是依賴性的生物。或許你比較希望這麼說：我們彼此依賴，至少聽起來比「依賴性」好聽一些。其實這麼說也沒錯，因為我們依賴他人，他人也依賴我們。不過，如果回到生命最起點，我們並非相互依賴，而是澈底仰賴他人來滿足我們的每一項需要。

心理學家約翰．鮑比（John Bowlby, 1969）是最早研究人類配對傾向（意即個體與另一個體之間建立親密關係）的學者之一。從他最先提出的「依附理論」，便可解釋人類何以「配對與連結」，相伴前行，最早甚至可溯源至子宮外的第一段關係開始。少了這份相互依存的特別連結，我們甚至無法存活、難以成長；這份關係一般與我們的母親有關。隨著我們的細胞成長，我們最終在一個更大的子宮（世界）裡繼續長大。呱呱墜地後，我們便立即展開人世間最初的連結，這份連結著臍帶的母嬰關係，把我們帶入一個充滿繁複多元的大千世界。但其實，我們最初是從一個個體與另一個個體的連結，然後再由此開啟和逐步影響未來的一切。

或許，這個生命初階的內在關係，深刻影響與形塑了我們成年後的浪漫關係。以一個成年人來說，我們約會的目的顯然是為了想和另一個人建立特別的親近關係。為了達成目標，我們都期待這份連結與關係是建立在可靠、安全、真心相待、可信賴和一同成長的基礎上。換句話說，這關係的發展，勢必得安全穩妥。當然，有些人因為最初的第一段連結並未享有安全可靠的優勢條件，而可能有意無意地築起防衛心，害怕再次受傷。我們都知道，保護自己免於受傷破碎的最佳方式，就是避免和另一個人太親近。或許內心深處還是渴望有個理想伴侶，但又害怕親近可能帶來傷害，因而深陷矛盾困境中。從心理生物學的角度來看，好消息是，即使幼年或早期所經歷的負面影響與遺憾，會使成年後的約會過程充滿挑戰，但多數人還是能跨越這些障礙，繼續前進，建立一段安全與充滿愛的關係。當然，這背後或許需要比別人多加把勁、付出更多努力。

生物學與文化的規則

從生物學角度來看，人類與生俱來被賦予繁衍後代、延續物種的特質——有些人對這項天性具有較強烈的「責任與使命」。我們也有肌膚相親的生理驅動力。雷琳・菲利普斯（Raylene Phillips, 2013）曾經研究肌膚相親對新生兒的影響時指出，嬰兒早期與照顧者的肌膚相親越足夠，則身體機能與大腦發育都會更優更好，哭鬧機率也降低。與肌膚相親同理，眼神的接觸也是一種人類生物學上的本能需求。心理學家艾倫・施羅德（Allan Schore, 2002）曾撰寫大量文章，探討關於眼神對焦、肌膚相親與面對面接觸等生物心理學的需求，有助於建構人類大腦充分發展出社交與情感的能力。同理，我們當中有些人比其他人更需要這種親密的身體接觸。

自然界已具備一套生兒育女的生產規劃，但科學界還沒確認一段可靠的長期關係如何落實為一套自然規劃。一般來說，我們會視之為文化問題，要不就是社會生存的問題。而大環境的文化規則，也發生了天翻地覆的改變。這也是為什麼，世界各地所建立的各種長期關係大相逕庭，各異其趣，我們發現這些現象背後的緣由，也隨著時間推移而有所演變。譬如，在過去幾個世紀裡，為了家產增值的經濟因素或社會利益考量而結婚聯姻的，比現代社會還要普遍常見。

根據皮尤研究中心（Desilver, 2014）所提供的數據，今天大多數美國人（88％）認為，愛情是走進婚姻的主要原因。另外，許下承諾與陪伴，也在他們的理由清單中占重要因素（分別是81％與76％）。值得一提的是，今天有70％的美國人認為，他們處於一段忠誠可靠的關係中，雖然其中只有約50％的人是已婚人士。如果這些統計數據會說話，那我們可以得出一個結論：你對約會的渴望，其來有自，雖然難免仍心存一些困惑猶豫，但確實具有文化上的依據。我的意思是，或許你從小就嚮往能找到一個特別的人陪伴身邊，與對方共度一生，但這一路前進時，你卻不斷承受事與願違、所託非人的經歷。

如果你一邊尋找伴侶同時又把相互倚靠視為缺陷，那你會備感壓力；抑或你把婚姻視為落伍的社會制度，這些都會讓你舉步維艱，困難重重。我不認為有任何速戰速決的出路可以擺脫這種兩難困境。當然，解決辦法也會因情境而有所不同。如果你是約會新手，那解決這問題的出路，可能要從你如何與家人分離、認清自己價值觀的過程中去檢視。如果你發現自己有同性戀傾向，那這些問題或許與更巨觀的社會與政治議題有關聯。如果你是結束一段撕心裂肺的長期關係後才開始踏上約會之旅，那你或許要先處理上一段關係的個別創傷後再上路。總而言之，我的建議是，在尋找伴侶這條路上，先容許自己去接受過程中任何不確定與不可知。我希望，在你繼續讀下去並展開約會旅程時，能勇於面對與釐清這一類的問題。

生物心理學的底線

到目前為止，我所說的這一切，對你有何啟發嗎？

從生物心理學的觀點來看，或者更具體地說，根據依附理論的重點，關係的底線說到底，就是人們需要感受自己與另一個體保有持續而親近的關係。這就是我們所謂堅定的連結。確實，我們需要他者，尤其需要「獨特的那一位」，為我們在人世間提供一份外在與內在的安全感。經過關係滋潤的生活，不但有助於排解日常壓力，還可增強自信，把我們往外推一把，使我們不怕冒險，在更開闊的環境中勇往直前，屢戰屢勝。

有些人認定自己本質上屬於「靠自己」的獨行俠。我要特別在此修正，事實上，我們都不是獨善其身的人。現代生活的成年世界中，如果身邊有個人，可以大大增添與豐富你的生活樂趣，和你並肩作戰，在你無法獨自完成的事上，助你一臂之力。我舉些實際的例子來說明：

♥另一個人可以精準預測、理解並客觀反映你目前正經歷的事。
♥另一個人可以提升你的正面感受與體驗，同時減輕你的消極感與負面體驗。
♥另一個人可以和你的內在小孩一起玩樂，如果需要的話，甚至治癒你的內在小孩。
♥當你迷惑不解或拿不定主意時，另一個人可以引導你，提示你該說的話或如何行動。
♥當你因為情緒或其他方面備感困擾時，另一個人可以參與陪伴，提供幫助。
♥當你的處境危機四伏而幾近潰堤時，另一個人可以強化你的自尊與自信。
♥另一個人可以把平庸的你，升級為更優版本的你。
♥另一個人可以幫你搔癢——不只是你無法觸及的背部，還可騷動你的靈魂深處。

人啊，都需要另一個人。也許你仍想約會，但未必想要建立伴侶關係。你可能更樂於朋友成群，讓許多朋友來滿足你的情感需求，或去探索其他形式的情感關係。我在這裡的目的，只想要引導你去優化約會過程的體驗，同時幫助你從生物心理學的原理出發，去理解和發掘更優質、更有感有知的約會決定。

線上約會的誘惑與陷阱

線上約會是結識伴侶人選非常普遍的一種方式：根據皮尤研究中心的統計數據顯示，認為「線上約會是接觸新朋友的好途徑」者，從二〇〇五年44%網路用戶的比例，提升至二〇一三年的59%（Desilver, 2014）。除了知名的交友網站，你甚至可以把網站屬性再縮小範圍，找到專門打造適合你年紀、種族或宗教信仰的交友網站。如果你對統計數據深信不疑，那我可以告訴你，至少超過四千萬美國人曾經嘗試過線上約會。在那些尋找伴侶的用戶中，38%的人瀏覽過約會網站，其中三分之二的人，曾經和他們的網友對象約會；另外超過三分之一（34%）試過線上約會、且已建立穩定伴侶關係的美國人坦承，他們是在網路上結識目前的伴侶（Smith and Duggan, 2013）。

顯然，這股力量，不容忽視，而且勢不可擋。可行嗎？身為伴侶諮商師，我見證許多透過線上約會網站認識而交往的伴侶，成功建立起真心相待的忠誠關係。雖然如此，線上約會當然也有不可避免的危險。有人確實會撒謊。也有人心懷不軌，只想找性伴侶而非經營一段愛情關係，但他們未必會坦承這些心態。其他人可能只是線上約會的慣用者——擅長用線上約會的方便行事，一週內可以安排多次約會，而你或許只是對方眾多候選人之一。如果這些可能的狀況已經讓你覺得自己是個隨意可棄的約會對象，那已構成有害的觀感了。

另一個令人擔心的隱憂，則是遠距離關係的情境下發展出的線上約會。空間的隔閡，自然造成現實生活當下無法立即分享、難以即時參與的考驗，伴侶之間可能得分離好幾個月，甚至維持好幾年的遠距關係。我能理解有些伴侶因工作地點遙遠，而不得不分隔兩地。有些情況則是其中一位伴侶的工作屬性必須常態性到世界各地出差。如果這段遠距離的關係，已逐漸發展到雙方都能忠誠相待的穩定階段，那或許這段關係能經得起兩地分離的考驗。不過，如果其中一方或雙方都認為保持距離比實體親近更安全自在，而寧可「捨近求遠」，那對於未來的關係發展，恐怕不是個好現象。

當然，線上約會不等同異地戀。時至今日，大量的手機應用程式可以幫助大家在方圓幾公里內火速配對。所以，你若對線上約會躍躍欲試，大可篩選你能接受的空間距離。和傳統途徑的約會選項相比，線上約會確實讓人享有多得不可勝數的「約會彩池」（dating pool），任君選擇，當然，你也可以選個離家近的對象。

以下是一些線上約會的基本界線與原則：

1. 對自己誠實。
2. 不要假設約會對象對你毫無保留、坦誠相見。
3. 想方設法對你的約會對象旁敲側擊與「檢視」，再拼湊對他／她的認識，還要聽聽你信任的人給你的意見。（我們會在下一章詳細討論「檢視」這議題——非常適用於線上約會或其他場域，是個有效認識潛在伴侶的過程。）
4. 不要只根據一張或幾張照片就倉促決定與某人見面約會。
5. 你若覺得自己對對方感興趣，盡速親自和對方見面，別拖延。
6. 不要在沒有見過面的狀況下，建立任何網上的虛擬關係。
7. 牢牢記住：安全第一。舉例，見面地點安排在公共場所，避免透露個人隱私（譬如你家地址）等等。

一般來說，在網路上認識某人（或甚至對方就在不遠的區域範圍內），和你在街上、聚會上、朋友的朋友或相親場合裡認識某人，兩者之間其實沒有太大差別。無論任何情境下的初見與認識，幾乎都是擲骰子般的一場冒險之旅；無論任何情境下的結識，你都需要戴上一套工具配備，幫助你仔細篩選與檢視你的潛在伴侶。接下來的內容中，我們將進一步說明線上約會過程中的各個步驟要如何進行。

打破愛情關係的迷思

在繼續往下討論之前，我想先釐清和解構一些愛情關係的常見觀點——我稱之為「迷思」。我相信，這其中有許多似是而非的想法，把「尋找伴侶」這件事搞得很棘手，要不就是降低了找伴侶的興致。遺憾的是，這些觀點已經在一定程度上形塑我們的集體思維，根深柢固。如果你想更深入了解自己如何進行約會，那我建議你不妨重新反思這些行之有年的誤解。

迷思一：發展一段成功的關係，你唯獨需要的，只是愛。

也許當你想到「愛」時，你期待的是一種目眩神馳、如癡如醉、天雷勾動地火的感覺，這種感覺誘使你踏入約會之旅（然後再誘使你做出原來不會許下的承諾）。若然，我必須得明確告訴你：不是的。這樣的愛不是你唯獨需要的愛。對於約會新手來說，如果要把約會關係提升為穩定而長期的愛情關係，其實，除了類似目眩神迷的暈船感覺之外，還有其他各種元素也缺一不可。最重要的是，你和伴侶之間需要為彼此提供外在與內在的安全感。你們要能互相保護，彼此依靠，雙方一起找出互惠互利、平等正義、敏銳察覺彼此需求的相處方式。這些不是讓人心跳加速的激情愛戀，卻是維繫長久關係的必備重點。愛，當然無比重要，不過，在你勇於去落實這句格言之前，最好先踏踏實實去建構，打破過度浪漫的迷思。

其中一種針對愛情迷思「去神話」的解構法，是審慎考量——對你來說，愛情意謂著什麼？稍早的內容中，我曾請你想像你的理想伴侶；現在，我想藉由以下的練習，幫助你把關於「愛」的一些抽象事物具象化。

【練習2】

定義愛

愛，到底是什麼？這裡一些步驟，有助於釐清你的觀點。

1. 從書籍或網路上，蒐集攸關愛情的名言佳句。看看一些偉大的智者對愛情有何見解。如果你願意的話，也可以請你把自己的真知灼見，加入清單中。以下是一些經典語錄：

♥愛是嘆息吹起的一縷青煙。——莎士比亞

♥愛是大自然提供的畫布，想像力在畫布上繡出五彩斑斕。——伏爾泰

♥愛是用心丈量的空間與時間。——普魯斯特

♥ 愛是願意犧牲。——麥可・諾瓦克（Michael Novak）

♥ 愛情像病毒。隨時可能發生在任何人身上。——瑪雅・安傑洛（Maya Angelou）

♥ 愛是形而上的引力。——巴克敏斯特・富勒（R. Buckminster Fuller）

♥ 愛是散落著珍珠的一片雲。——魯米

♥ 愛是生活中最好的提神劑。——畢卡索

♥ 愛是成長。——詹姆斯・鮑德溫（James Baldwin）

2. 腦力激盪任何定義「愛」的單字或片語。在這階段，我們接受你對愛的任何定義，或抽象或詩意，都沒關係。你若心有所感而靈思泉湧，不妨試試用自己的話，敘述成一首詩。

3. 現在，擷取你對愛的定義，並將之落實、具體化。或許，你會發現先完成以下句子對你更有幫助：

「為了讓我理想的關係如願進行，我和伴侶之間的愛，必須是（包括）________

________。」

沿著這條途徑走下去，當你們的關係逐步穩定前進到未來某個階段時，愛情自然出現。你們之間，無論是你或對方，終究有人會情不自禁率先說出這個關鍵字。情深意濃的那個時刻，你或許會想要重新檢視你對愛的定義。

迷思二：愛別人之前，你得先愛自己

如果這句話屬實，那嬰兒是不是必須先愛自己，才能愛母親？當然不是——嬰兒先被愛被呵護，爾後才學會了愛。嬰兒所體會的愛，很單純，就是被愛，反之亦然。愛人與被愛，兩造雙方同心協力，密不可分。事實上，嬰兒還未發展對愛的認知與概念之前，便已經驗過被愛與愛。只有當孩子發展出獨立的自我意識後，「愛自己」才是有意義的。兒科醫師布列茲頓（T. Berry Brazelton）曾與其他專家在一九九二年對此議題進行深入研究並撰文指出，這樣的階段通常發生在孩子一歲生日以後。我們幾乎可以這麼總結：人類生命發展的最初階段中，愛就像遼闊的海洋，徜徉其中的浪潮，漲退自如，不分自我與他人。

「愛自己為優先」的迷思，暗示所有成年人要立刻放下眼前所做的一切，在搭上約會之旅以前，先努力學會愛自己。這樣的主張假設你可以透過上課、閱讀或躲在洞穴裡靜思冥想來達到自愛的境界。事實不然。你是藉由與他人交往互動來學會愛，此外沒別的門路。愛的功課，本來就無法獨立完成。

有些人之所以認同這個迷思，是因為他們擔心無論在戀愛關係或甚至約會過程中，恐怕會不自覺失去自己的主體性。這種感覺太令人不安，於是，為了安全起見，他們便認定唯一的出路是徹底退出；至少現在先壯大自己、先愛自己，做好萬全準備再出發。我覺得，事實恰恰相反——如果你在關係中受傷，那麼，你也會在關係中治癒。伴侶諮商師哈維爾・漢瑞克斯說得更透徹：「為了治癒過去的創傷，你需要在潛意識中把童年照顧者與你的對象融合為一，並從這位伴侶身上接受愛。」也許你覺得自己還沒準備好，那也沒關係。在這種情況下，療癒可能是個絕佳起點。也許只是和朋友出去走一走（友情也是重要的關係形式之一，而且非常療癒）。嘗試一下獨立生活的體會也很好，或甚至誰也不見，只和寵物或植物相伴，又或者找一件有趣的事來玩玩。很可能，你特別需要在情緒風險較低的感覺狀況下，尋找一些可以滋養你、撫慰你的焦點，至少暫時是這樣。不過，如果你還是想要找到「那一位」特殊對象，那你還是免不了要走進約會世界中。你可能覺得自己似乎還沒完全準備好擁抱一段愛情，但要檢視的其實是，你是否準備好學習去愛——愛自己、愛他人。

迷思三：在開始約會前，你得先學會照顧自己

迷思三與迷思二，息息相關。認同這個信念者，可能會擔心自己成為過度依賴的人。他們質疑自己萬一有一天不得不懸崖勒馬或終止關係時，恐怕陷太深而離不開。害怕被拋棄的念頭，壓過所有其他事，包括他們在戀愛關係中的幸福感。

我們再來想想剛出生的嬰兒。嬰兒在一切事上都得完全依賴媽媽。這種本質上不平等的母嬰關係，會讓你大驚小怪嗎？其實這是天經地義啊。這個「你得先學會照顧自己」的觀念，暗示你和伴侶無法持守這份共識——彼此照顧、真心相待的關係；這種迷思也對彼此負責的信念，抱持「不信任、不歡迎」的心態。

我提供一個換位思考的角度，讓你一窺此迷思所造成的衝擊有多大。想像一下，有位潛在伴侶對你說：「我需要先把自己照顧好。」現在，想一想你聽到這句話的直覺反應。你覺得如何？被忽視？覺得自己無足輕重？或甚至不被愛？無論什麼感受，我敢打賭不會是什麼正面感覺。或許說者感覺還好（或覺安全、或覺堅強），但聽者肯定覺得關係岌岌可危。從本質上來講，這意謂著「我靠我自己，你也靠你自己」。換句話說，這也等同雙方都表態——「別指望我來確保你安全無虞」、「我根本不相信你會關心我」。

這種自我中心的觀念，是現代社會的普遍實況。許多人都以自己為優先，利己第一；我們的

社會文化也支持這樣的思維與立場。對你來說，無論職場上或其他領域的關係中，互相關照的想法或許讓你覺得彆扭不自在，你寧可各自為政，互不干涉。如果我的言論違背你的個人經驗，沒問題！你不必因為我對某個信念的質疑而放棄你的立場。就這一點上，我的建議很簡單：邀請你在閱讀本書時，保持開放的心態。

迷思四：你的幸福，不該只靠一個人

換句話說，沒有一位潛在伴侶能滿足你所有的期待與需求；就此意義來看，迷思四與迷思三是相輔相成的。其實，這句話很容易理解，要認同也不難，確實是有幾分可信的道理。當你排拒他人，只把一切關係的需求放在同一人身上時，這肯定是不健康的傾向。我們看見有些伴侶過著封閉的兩人世界，謝絕其他社交連結；這樣的伴侶關係極有可能陷入近乎精神疾病所謂「雙重瘋狂」（folie à deux）的共生性妄想症中。關於這方面的議題，我們將在第七章再討論。

然而，這可不是我稱此為「迷思」的意思。很多人濫用了這個迷思來替「自我中心主義」背書，捨棄關係連結的立場，甚至逃避與伴侶建立更親近的密切關係。譬如對伴侶說：「拜託不要太依賴我」、「我不能依靠任何人，所以我也不會依賴你，因為你肯定會讓我失望」、「沒有人能讓我心滿意足……所以，我得多找一些人，廣結善緣」。

事實上，你可以、而且應該能只依賴一個人——就是你所選擇的那一位對象，只要對方值得信賴，你也可靠，那就好。用個軍事比喻來說吧，需要先回答的問題是：「你們倆現在是一塊兒擠在散兵坑裡呢，還是各自躲在不同的散兵坑裡？」如果是相互依偎在同一個坑裡頭，那你們不但得互相依靠，也要為了存活而不得不相依為命。如果你認定「依靠別人不可行」，那麼，這樣的心態會阻撓你和那一位能提供你安全感的潛在伴侶建立關係，也讓你錯失約會良機。

迷思五：我得找到我的靈魂伴侶

這個迷思背後的意思是：「我的靈魂伴侶只有一位」——意即：「這世上只有一個人適合我」。

那麼，告訴我吧，你認為有多少靈魂伴侶等著你、適合你？一位？兩位？十幾位？數百位？我賭你心裡想的不是數百名，就只有那麼一位，對嗎？如果真的只有一位，再看看你目前已在約會世界中載浮載沉多少時日，我不得不說，這數字對你絕非好事。就算你的靈魂伴侶擴大為十位人選好了，你仍會深陷困境。想想看，你能在其他七十億人口中找到這十個命中注定的靈魂伴侶嗎？這其中的機率是多少？恐怕比你大海撈針還難啊！

你可能覺得自己是個浪漫的人，你終究會找到那位命中注定的緣分，那位能讓你幸福的良人。我擔心的是，這樣的幸福不靠譜，甚至隨時與你擦身而過；當然，那又是個數字問題了。除此以外，你的期待也會隨著年紀漸長而有所改變。你現在對幸福的種種想像與渴望，或許在五年後、十年或二十年後，已不再是你追求的目標了。也有些人會依據自己不同階段的心境變化，來形塑心目中的靈魂伴侶。現實世界的「真人」恐怕永遠比不上這些理想的夢中情人。因此，無論從數字問題或人性多變的考量——我建議你，不要堅持非找到完美的那位靈魂伴侶不可，不妨調整一下心態，考慮其他可能的人選，只要對方是個無論你未來如何改變與成長，都願意愛你、如實接納你的人，都可以是個理想好伴。

先預先透露下一章會提到的內容：你的大腦是根據似曾相識的熟悉感來挑選伴侶，而非依據任何前世今生或緣分注定的玄學來指引。事實上，你的潛在靈魂伴侶多到不計其數，而且都獨一無二。想想每一段初戀，哪個不是獨一無二？就像手指紋，無法複製。成雙成對以後，自然創造出第三個存在——那就是你們的關係。這份關係具備主體性與原創性，因此，當關係結束時，一切就澈底結束了，灰飛煙滅，不復存在；這也是分離之所以令人特別感傷和惋惜的原因之一。而當你迎接下一段感情時，因為對象不同，這份新的關係也會澈底不同。

潛在的許多人選，可以成為你的靈魂伴侶嗎？這個問題，只有你能回答——或更貼切地說，只有你的大腦可以回答。你的潛意識思維會根據經驗累積的熟悉感去尋找，只要符合你認可的對象，都是理想的候選人——至少短期間看來是如此。接下來，後續就由你來完成這段約會過程，然後再來決定你們的關係是否可發展為長期伴侶，繼續走下去。至於「靈魂伴侶」嘛……那就交給你和你最終的伴侶來確認，看看你們是否要給彼此這個尊稱了。

迷思六：約會是年輕人的玩意兒，我太老了

毫無疑問，這個迷思不可取，千萬別信。年輕人的生活歷練比長輩少，自我認識的部分也相對不夠深。因此，對年輕人來說，約會過程比較簡單輕率，但也更容易東差西誤。隨著年紀漸長，我們對自己和他人的態度，一般會更駕馭自如、彈性靈活。我們早已認清生命有限，知道自己無法掌握所有人事物。我們比年少時更了解自己喜歡什麼、不要什麼，而我們對許多事物的優先順序也有所差異——或許，對此階段的你來說，人與人的關係和家庭，比事業更重要。於是，當你想要結交新伴侶時，我們已能以更務實的樣態，展現自己。

當然，一些對約會不利的缺點，也會因年齡漸長而一一浮現。譬如，你若愛過又失去，你可能不願再輕易嘗試。雖然你因年歲歷練而散發一股由內而外的自信，但在約會的舞池裡，你可能就不那麼自在從容了。原因之一，是與年齡相關的外在形象。乍看之下，形象問題對女性朋友來說尤其突顯；不過，這議題也有其相對的一面。我們稍後會再詳細討論這問題，但有個重點要先表明——自然老化的過程，從來無礙你去發展一段有情有愛、彼此接納、安全穩定的關係。

這本書是為各年齡層的讀者而寫。如果你年輕力盛，經驗不足，我樂於提供建言，讓你無須耗費多年去踩誤區。如果你老大不小，我希望你能明白，年紀不是障礙，你完全可以游刃有餘，你的努力會讓你如願以償，覓得如意伴侶。

關鍵提醒

關係的形式，各式各樣，不一而足。如果你想建立一段忠誠可靠的關係，從生物心理學的角度來看，這裡有些基本的注意事項。我們現在所進行的討論，無論就生理或心理層面上，幫助我們理解了哪些因素與條件可能影響一段關係開花結果，哪些問題可能讓一段關係自毀前程。如果你想覓得良緣並與伴侶相愛相守，我可以指引你一些方向與原則。當然，意亂情迷的熱戀階段，問題都不大，只有當你接近許下承諾的成熟階段時，才會突顯這些原則的舉足輕重。因此，當你準備約會時，按照本書描述的思路開始去反思探索，時機剛好，也不算太早。

如果你繼續跟著我的敘述發展，我會和你分享更多研究成果，還有我對你如何學習的建言，包括學習技能與原則。當你進一步去認知你的大腦如何發揮功能與連結，肯定有助於你理解未來要如何選擇與回應伴侶。有些你從自己與他人身上曾經覺得匪夷所思、無從理解的行為模式，會忽然變得清晰起來。除此以外，一些重新布局的努力是必要的，以確保你的約會過程更順利無礙。這就是我所謂的「學習」之意。你會從中發現如何辨識與糾正你目前可能適得其反的約會方式，同時你將開始練習新的技能與建立新思維，重新調整你的大腦去連結與適應約會和關係。

下一章，我們將更深入探討神經生物如何在約會初階的過程中影響你，幫助你在初始階段便能認清約會對象是否適合交往下去。準備好了嗎？

第二章

穿過迷戀濃霧，看清真相

從這一章開始，我們正式展開約會之旅。我們將把焦點放在啟程的最初階段；具體地說，就是最早開始的幾次約會。這些時候往往也是果斷下決定的關鍵時刻，也將影響你未來的約會和關係，是否前途似錦。其中的重點將是，什麼樣的人最吸引你？你決定要再見面嗎？你可能不覺得自己在做什麼決定，但請相信我，你確實已做決定了。我會一步步向你說明——真的由內而外——詳述這個過程是如何發生的。

本章內文，大量藉助生物心理學的方法論中有關神經科學的論述作為立論基礎。我不想說得太技術性，但我真的希望你能理解，愛的神經化學元素在你辨識潛在伴侶、性吸引力這幾方面，確實發揮了關鍵影響力。神經化學物質——包括荷爾蒙與神經傳導物質，都在你的神經系統中扮演功能性的角色。這些神經化學物質和它們的傳導路徑，將決定你的連結方式。視覺感知與熟悉感，是其中兩種神經生物學的功能，用在選擇伴侶時特別重要；我們也將深入探討它們在約會的初始階段，如何發揮作用，如何影響你。除此以外，我們還要一起討論檢視與篩選未來伴侶的重要性，我希望你可以藉此機會，好好評估與提升你在這方面的技能。

林間散步

首先出場的是，二十五歲的演員米羅。某天早上，米羅看到一位年輕女子在附近公園遛狗，一隻可愛的約克夏㹴。米羅立刻被眼前的女孩吸引。於是，他開始上前搭訕。米羅和那位名叫凱希的女生很快便談笑風生，互有好感；兩位初識男女，一見如故，形影不離一整天。他們並肩散步、說個不停，還一起吃飯。日落時分，他們坐在公園一角的石凳上，情不自禁地熱吻起來。

米羅對凱希一見鍾情，凱希也一樣身陷意亂情迷中。在米羅眼裡，凱希怎麼看都對：她的臉龐、她的身體、她身上的味道與她接吻的方式……都對。米羅赫然了悟：多年來萬里尋她千百度，完美伴侶就近在眼前。

快到午夜了，兩人手牽手，漫步走一段長路，走向凱希的公寓，每走到一個街角巷口，這對男女便忍不住駐足親吻。在凱希的公寓裡，相擁接吻升溫到探索彼此的身體與愛撫。對米羅來說，這不只是純粹生理反應的性慾。他非常確信，他們彼此已墜入愛河、深愛到不可自拔。當狗狗約克夏㹴蜷縮在床邊時，這對初識的戀人已從愛撫進階到寬衣解帶，然後是更肆無忌憚的親密愛撫。當太陽升起的剎那間，凱希猛然及時煞車，婉拒米羅衝破最後一道性行為的防線。

「發展太快了！」她低聲細語，「你知道的吧。」

米羅百般無奈，只能同意。要不是確信自己真的一見傾心、遇見尋覓已久的靈魂伴侶，他是絕對不會讓這樣的親密舉止一發不可收拾。他們終於恢復理智，依依不捨的漫長告別由此開始：一邊穿衣服一邊長吻，互相依偎走到門口繼續長吻，在走廊上難分難捨，親吻再親吻，依依不忍吻別。

回到家後，米羅輾轉難眠，整個人彷若漫步雲端。他躺了兩小時，然後起床洗澡，換上運動服，直奔健身房。滿心滿腦都是她，米羅無法把凱希從腦海裡抹去。當天下午他有排演課，米羅打算待會兒課程一結束，便趕去凱希的住處。他迫不及待想再見到她。

想像一下，當米羅走進健身房時，他竟看到凱希在腳踏車上揮汗運動，這樣的機緣巧合，也太驚訝了吧！天啊！不可思議的良緣天注定啊！她就在這裡，在他多年來常去的健身房裡運動。米羅衝了過去。奇怪的是，當他走近時，卻意識到凱希正和身邊一起騎腳踏車的年輕男生熱絡交談。那男生不知說了些什麼，只見凱希仰頭燦笑，然後傾身……輕吻了對方。米羅看得驚呆，全身僵住了。「她看到我嗎？」他暗地自問。

還來不及轉身離開，凱希忽然抬起頭來「嗨！」了一聲，顯然她以陌生人打交道的方式，隨意問候米羅。

米羅勉強發出一聲「嗨」來回應她。

凱希轉頭笑著凝視她身邊的男人。那情境與神情，彷彿她根本不認識米羅。但是，怎麼可能呢？他們明明在一起度過了一整天啊，幾乎踏踏實實地黏膩一整天，而且距離他們剛剛道別也才過了幾個小時啊。就算他換了運動服，但也不至於讓凱希認不出來吧！

「抱歉，借問一下，」他脫口而出直接問凱希，「你不認識我了嗎？」

凱希漫不經心地澄清：「我們認識嗎？」顯然她不想讓身旁男伴有任何誤解。

米羅覺得自己被輕視、非常困惑，而且備受羞辱。他悻悻然轉身離開。他和凱希從此不再聯絡，所以，他恐怕永遠都不明白，為什麼凱希後來不認識他，或她為什麼要假裝不認識他。

到底出了什麼問題？

你可能會臆測：「他們進展太神速了」或「他們根本不了解彼此」或「他們的目標不同」。也許你傾向把問題歸咎於其中一方：「男生太天真，一時意亂情迷」或「這個女的也太『那個了吧』；唉，男生被騙了」。

其實，這些反應都能反映某種程度的因果與關聯。不過，在我看來，這些都不是真正問題的核心。我認為要釐清這個謎團，有兩個重點：㈠理解米羅一連串行為背後的原因；㈡檢討米羅應做而未做的事，以及不該做而做的事。除此以外，我們也可以檢視一下，凱希如此回應的原因，以及，她其實可以採取哪些不一樣的行為模式。我們會在接下來的內容中，一一解構這些問題，希望幫助你踏上這段約會探險的旅程前，做好準備。

愛的神經化學雞尾酒

除非你熟悉神經化學的一些基本原理，否則，你很難理解米羅或你自己（當你也開始選伴時）到底怎麼了。當米羅第一眼看到凱希在遛狗時，他誤以為那是命中注定的緣分。事實不然，那是他體內的化學物質主導了整場愛情戲碼。那致命的第一眼，是名副其實的「神經化學雞尾酒」開始在他的大腦和身體裡醞釀製酒，風起雲湧，渲染成迷戀濃霧，使他一時眼花繚亂，失去清晰思考的理性思維與行動。讓我們來詳細看看這整個過程的反應機制。

當你與潛在伴侶首次見面時，頃刻間，你體內的荷爾蒙和神經化學元素便將你團團圍繞，促使你興奮、殷勤、興致勃勃、甚至有點焦躁不安。這些化學物質並非憑空產生的，它們其實一直都與你緊密相隨；只是出現的頻率與質量，依據不同情境而起伏跌宕，捉摸不定。在米羅與凱希的案例中，一個魅力型男或美麗女人出現時，是啟動一切的催化劑。這可不是你能「有意識」去掌控的事。

神經化學反應，是一種不受意識層認知與控制、自動自發的機制，經由大腦裡某個元素觸發，我稱之為「原始本能」（primitives）；簡單說，就是一種維繫基本生存的本能反應。說到這裡，不得不涉及一些技術性的說明。但我希望確保你理解一個人的身心全貌與實況。所以，請耐心聽我解釋。

基本的「愛情雞尾酒」包括這些主要化學元素：睪固酮、雌激素、多巴胺、去甲腎上腺素、血清素、催產素和加壓素。當這些元素加上其他成分時，它們會在不同時間發揮不同效果，但一般來說，它們以自然本能的方式讓你沉醉其中，於是，當你遇到令你怦然心動的對象時，你自然想衝破一切去親近。不過，此時當下，你的原始本能對發展天長地久的兩性關係，興致缺缺（抱歉，這是實況）。

生物人類學家海倫・費雪（Helen Fisher）和她的同事特別針對神經化學元素在約會過程中的作用，進行了深入的研究。他們在二〇〇二年發表一篇具有深遠影響力的文章，內文提及約會過程所經歷的三種不同神經系統——也就是三種類型的「連結」——情慾、吸引力與依戀（依附）。這三大系統未必按著順序發展，也未必相互排斥。如果說到與潛在對象見面並開始約會的話，那我們最感興趣的是情慾和吸引力這兩大連結——換句話說，也就是本章題目所提及的「迷戀」部分。之後上場的，是依戀。

關於情慾，或身體與生理上最原初的吸引力，你可能對其中兩大主要體內激素不陌生：睪固酮和雌激素。也許你會覺得睪固酮激素與男性有關，而雌激素與女性密不可分。這麼理解沒有錯，但男性與女性體內，其實都存在睪固酮，而且會讓狀況更加錯綜複雜、出乎預料。科學家發現，男性在戀愛時，睪固酮水平會下降，而女性在戀愛時，睪固酮水平不降反升。值得一提的是，這些變化只是階段性的，一般維持一兩年左右，之後，無論男女的睪固酮，都會慢慢恢復到戀愛前的水平。

關於吸引力，神經化學在這方面扮演的主要角色包括：多巴胺、正腎上腺素和血清素。當海倫・費雪和她的研究團隊在二〇一〇年針對個案在觀看愛人照片時進行腦部掃描的結果顯示，個案大腦裡的某些部分——大腦基底核的尾狀核、中腦的腹側被蓋區——兩大原始本能，都亮了起來。但當他們觀看一般無關個人情感的照片時，同樣的腦部兩大區域，則絲毫不受激發、沒有反應。這項發現最重要的意義在於，這些區域正是大腦多巴胺最豐富活躍的區域，也是我們大腦裡釋放愉悅的快樂中心。當你感覺一切花好月圓時，多巴胺水平會上升，譬如你剛剛發現自己找到心動的戀愛目標。多巴胺負責讓你在第一次約會時亢奮愉悅、精力充沛、情慾蠢動。戀愛沖昏頭時，你會廢寢忘食、日常生活怎麼過都不重要了，因為你的全副心神，都投入在這段新戀情上。你體內的多巴胺分泌越多，你越渴望與追求。事實上，多巴胺在大腦的「獎勵功能」上扮演很重要的角色。基於這個原因，海倫・費雪把這段意亂情迷的愛戀所引發的興奮階段，比做「化學成癮」。

我們的大腦裡，有種會引發腎上腺素激增的神經化學物質，稱之為「去甲腎上腺素」（Noradrenaline）。這說明了為何你在第一次約會時，會緊張到手心冒汗，心跳加速。你的興奮與焦慮並存，而且全神貫注。當然，這樣的亢奮狀態並不會一直持續下去。當你和戀慕對象在一起的時間越久，去甲腎上腺素的介入則越少。於是，你漸漸地不再那麼緊張擔心，也不再那麼聚精會神。

或許最有趣的神經化學物質要算血清素了。血清素在人體內確切的具體作用，還不完全明朗，但深受血清素影響的許多功能卻很多元多樣，其中包括：情緒、社會行為、睡眠、記憶、食慾與性吸引力。舉些例子，一些常聽到的精神科用藥（藥學名稱為「選擇性血清素再回收抑制劑」SSRI），其實就是作為增加血清素水平的用途。許多憂鬱症或強迫症（OCD）患者的血清素水平都比較低，服用SSRI後證實可以減輕症狀。到底這些和你剛剛遇到迷人女性或魅力男性的吸引力之間有何關聯呢？事實證明，吸引力也會降低血清素。一九九九年，義大利神經科學家多娜泰拉．莫拉西提（Donatella Marazziti）與研究團隊特別針對三組人的血清素進行測量，包括：自稱熱戀中的個案、強迫症患者、無戀情又不著迷的「清醒正常」組。測量後顯示，前面兩組人的血清素水平比第三個正常組低了40％左右。這項結果無疑為「癡狂愛戀」賦予了新意義。原來真有戀愛腦啊！不過，血清素也和其他神經化學物質、荷爾蒙的狀況一樣，終究不會綿延不絕的持續太久，血清素水平會在癡狂愛戀後的一兩年間，慢慢從絢爛恢復正常。

結束有關血清素這議題之前，還有些實況值得一提。服用SSRI的患者——或服藥中的心儀對象——都可能在約會中讓自己處於不利的狀況，不得不謹慎。雖然低水平的血清素是讓一對愛人保持熱戀的自然方式之一，但服用SSRI會消解這種激昂的亢奮。比方說，我正在服用SSRI，然後我在某個場合上認識你。在多巴胺、去甲腎上腺素和其他神經化學混合物的催化下，我可能會在當下感覺一見傾心的興奮。但第二天當我「清醒」後，我可能會覺得「欸……」你若迷戀上我就算你倒楣了，因為我理性清醒。服用SSRI的人當然可以約會，以比較冷靜的心態，不受大腦和身體中興奮元素的化學物質催化，也無須去確定任何伴侶關係。我並非特別建議你要篩選你的約會對象或檢視他們是否服用抗憂鬱藥，也不是暗示你停止服用這些藥物。我只是提醒你，這確實是某些情況下可能會出現的問題。

我還提到催產素和加壓素。這兩個元素在你開始展開約會關係後顯得特別重要。此時此刻，讓我們先回到一開始的兩個男女主角——米羅與凱希身上的故事。米羅和凱希一起度過相互戀慕的那一天中，他對凱希的所有認知，事實上都是受化學物質驅動的想像結果；多巴胺和其他神經化學物質的混合作用，蒙蔽了他的理性，讓他在與凱希互動的過程中，頻頻接到錯誤的「綠燈」信號，自以為可行，但事實不然。這樣的熱戀腦現象，正應驗了古老諺語那句「愛情是盲目」的比喻，屬於自然界中強大的幻覺之一。不過，事實證明，相比之下，凱希理智多了，她能夠在意亂情迷下，冷靜抽離，堅守底線，沒有發生性行為。

米羅其實可以做些什麼來免受被凱希莫名狠甩時的痛苦嗎？對米羅來說，光是去意識到神經化學發揮作用的巨大影響力，就是個自我解套的好起點——對凱希來說，這個可能性也同樣重要。當然，要在激動的當下做到這一點恐怕很難，但藉由按部就班的練習，你可以學會退讓、沉澱與提醒自己，那是化學作用在影響你的感受與情緒。你不必費心去謹記各種神經化學物質的名稱，當然，我也不會建議你在約會後去進行腦部掃描。不過，你倒是可以學習去辨識這些神經化學物質的影響力。你需要注意的是，當你和心儀對象在一起時，你的手心會冒汗，你的心跳會加速。還要注意你的食慾和睡眠模式的變化。就讓這些生理跡象成為線索，提示你可能難以抗拒「迷戀濃霧」。即使經驗過這些強效的化學物質影響，我也不建議你該停止約會。知己知彼，只要去理解和覺察它們的存在與功能，你就能受益匪淺——這樣的認知，自然也幫助米羅能夠更接地氣。

不過，話說回來，米羅其實應該在與凱希共度大半天時間之前，先理性檢視一下身邊這位迷人女性，這是米羅更重要的當務之急。無論任何情況下的「檢視」，都意謂著在你與對方進一步發展關係之前，先進行一些詳細審查。就像職場上的應徵者，接受一系列面試與個人背景調查，都是必要的程序。如果一些需要保密的工作，則更要從嚴審查。面對約會時，我們可以把審查這部分分成三階段進行：㈠你私下進行的初審篩選；㈡借助他人提供的資訊作為檢視的參考指標；㈢持續評估——我喜歡稱為「福爾摩斯中」（詳見第四章）——初審已過，進入後續觀察評估中。以上述例子來說，米羅若能理性提醒自己在初識那幾個小時的密集相處中，他其實對凱希的背景與生活習性知之甚少，或許就能讓他免受隔天見面時那麼不堪的強烈衝擊與羞辱。但實情正好相反，他讓自己相信這是一場戀愛，而且深信對方就是夢寐以求的女神，兩人情投意合。這裡有個重點，記得，認識一個人需要費時費心力，開始審查檢視你的潛在對象，永遠不嫌早。

然而，在詳述有關背景審查的過程之前，我要先提出另外兩種影響我們選擇伴侶的神經認知功能：視覺系統的重要、與大腦對熟悉感的重視。

你怎麼看?這很重要

當我們與約會對象見面時，原始本能與神經化學物質都不是影響我們的唯一因素。我們如何「看」對方，其實也很有影響力。這裡所謂的「看」，指的是我們的雙眼如何對此人的真實感知。神經科學家認為，眼睛的運作，分兩種主要方式，第一種是遠距的視覺系統（或稱「背側流」），這個系統與原始本能的關聯比較緊密；但對細節處理的能力比較有限。第二種是近距視覺系統（或稱「腹側流」）。顧名思義，這系統可進行細緻精準的運作，而且與「大使」（ambassadors）的某部分關係更為密切。與原始本能不同的是，這個被我稱之為「大使」的角色，是大腦中更進化、更社交導向的部分。它們的運作並非以記憶和反射行動為基準，而是有能力做出更細微末節的判斷。

當你望向遠處的某人時，你的遠距視覺系統立即展開行動，它們善於擷取身體的大動作與身型的基本特徵。這項遠距觀察的功能，對檢測安危方面功不可沒。譬如你若瞥見遠處的一個陌生人以構成威脅的動作向你走來，你內心的警報器可能鈴聲大作：「那是誰?我有危險嗎?」透過這種辨識危機的方式，你有好幾秒來救自己脫離險境。

當然，這個系統也善於捕捉吸引力訊號；尤其可激發蠢動的情慾。譬如當女主角凱希在遛狗時，米羅的遠距視覺系統立刻捕捉凱希擺動的臀部、身上的緊身衣和飄逸的長髮。這些有限的訊息促動米羅的原始本能，去認知遠處的女生是性感的。米羅連對方的臉都看不清，遑論對方的想法、興趣與個性。

另外，當你靠近一個人時，接下來就輪到另一個近距視覺系統大展身手了。此系統可以從對方臉部的每一塊肌肉運動與雙眼（包括瞳孔）來蒐集資訊。你近距離看到對方，對方也同樣看到你。四目交投下，雙方的優點——或缺陷——都看得清清楚楚。你們當下其實就在進行即時觀望與審視彼此的神經系統。如果你當時喝了幾杯酒，而米羅則滴酒不沾——這在許多約會的社交場合很常見——那麼，你的臉部就會出現一種自然的不協調，那看起來肯定比白天的光線下還要迷人可愛。

你現在或許會說：「這些都不能解釋米羅的行為，因為他在雙方共度的一天內，有足夠充裕的時間與機會同時發揮他的原始本能，與出動『大使』來做理性判斷。」當然，他確實有機會這麼做。但坦白說，米羅當時早已沉浸於如癡如醉的化學反應中，不顧一切，只想接受原始本能的支配而難以自拔。他和凱希之間，還需要更多近距離、面對面的接觸，才能真正了解彼此。唯有持續而密切的互動，才能壓下那些從遠距觀察取得的資訊——這些模糊的遠方印象強烈又偏差，不可不察。

下一次，當你置身任何適合觀察人群之處，譬如公園、購物中心或車站，你可以嘗試去操作與理解自己的視覺系統，做一下小實驗，然後把你從遠處觀察所取得的資訊，和你近距視覺系統的內容稍做比對。如果你對視覺系統的運作原理掌握得更全面了，你就可以在選擇伴侶或朋友時，把這些知識派上用場。由此可見，其實你可以避免從遠端獲取粗略資訊而採取行動的風險。反之，請選擇相信你的近距視覺系統吧。

熟悉感，也很重要

一般來說，我們比較容易被熟悉感的人吸引。不過，我所謂的熟悉，未必是令人愉悅的熟悉感。讓我們來了解一下米羅的背景：米羅在國中時期，曾經瘋狂迷戀班上一名黑髮女生。她養了一隻小狗，放學後經常和朋友遛狗，到處晃。這位黑髮女生也喜歡和米羅親近調情，但當米羅邀請女孩參加他的生日派對時，她終究沒出現，把米羅搞得黯然銷魂。有過這些痛苦經驗的米羅會告訴你，凱希的出現，絲毫沒有讓他想起那位國中的黑髮女生，因為凱希是金髮女郎，髮色不同。其實，米羅忽略了更真實熟悉的焦點：刻骨銘心的被拒絕與傷害。

你現在也許會質疑，米羅怎麼可能預知凱希會讓他傷心失望呢？當然，米羅未必預先知道。此時此刻，這正是自動化大腦發揮作用的絕佳機會了。你的原始本能非常善於挑選那些看來似曾相識的人，即使只有少量線索可供參考與判斷。這樣的本能會讓你不自覺把自己或過去曾接觸的重要人物與相關的某些特質，都一一反射到那一位你眼前相遇的人身上。然後，你開始深受吸引，這份讓你魂不守舍的吸引力，可能持續超過一週、一個月甚至一年。

你可能會訝然驚覺，浪漫伴侶之間的「相同」之處，比「不同」更多。如果你否認，那很可能是因為你曾和至少一位迥然不同的伴侶（或門不當戶不對的伴侶），發展過一段長期關係。雖然某些層面看來，你們的差異甚大，但我大膽假設，在許多無意識、更深的層次上，那人身上的某些特質對你來說，熟悉感十足（也許和你的家庭有關）。切記，「熟悉感」未必是完全正面的東西。有時候，被傷害和忽略的痛苦，居然和愛與關切的感覺一樣熟悉。譬如，我們常看到一位從小家有酗酒父親的人，怎麼會被一個可能是酗酒的伴侶所吸引；或為什麼有人即使在關係中不斷受虐卻依舊選擇繼續交往下去，原因就在這裡。

心理學教授哈利．芮斯（Harry Reis, 2011）和其他研究「熟悉感如何提升吸引力」的專家，把「熟悉感」定義為「與某人之前接觸的頻率」。換句話說，我們或喜歡或被某個事物吸引，很可能只因為我們曾經接觸過。我們對熟悉事物感覺比較安心與安全，而對不熟悉的事物則因缺乏安全感而猶豫。除此以外，當我們越來越認識與了解某個人時，我們也會對對方更有好感。我們稱這種現象為「單純曝光效應」（mere exposure effect）。早在網路時代以前，學術界曾有個引人注目的經典研究——一九八二年，理查．莫蘭德（Richard Moreland）與羅伯特．扎榮茲（Robert Zajonc）讓一組人連續四週觀看同一個男人的照片，另一組人則每週觀看不同男人的照片。結果顯示，持續觀看同一照片的那組人，認為照片中的男人不但有吸引力，而且和自己相似；而另一組人則認為那些不同的男人和自己沒有共同之處，也不覺他們有何吸引力。

順帶一提，這並不是說，不同種族或民族之間的吸引力在任何方面會感覺突兀。我這裡所提的熟悉感，不僅止於外表。我還要特別強調，我們的大腦其實更偏好在既熟悉又有些陌生的情境下工作。畢竟，沒有人想和自己的複製品或家族成員成為伴侶。我們都期待能找到兼具安全感與沉穩（熟悉度）、同時又不失新鮮感和令人感覺刺激（陌生感）的對象。

這對於你的約會之旅，有何意義？首先，也是最重要的——這些研究成果都是你需要注意的事。環顧四周，看看你是否注意到熟悉與不熟悉的種種感覺，然後，試著去理解背後的緣由。本書後續內容中，我會更深入探討如何區分——可用於建立長久關係的熟悉行為，以及，能免則免、少用為妙的熟悉行為。

審視伴侶

當昕達愛上鮑伯時，她根本懶得帶他去見自己的爸媽，因為她知道爸媽肯定反對他們交往。鮑伯比她年長二十歲，而且她覺得鮑伯溫文儒雅，不是她爸媽欣賞的類型。不過，她倒是把鮑伯帶去認識她的朋友圈。昕達的閨蜜群都對他讚譽有加。她們對鮑伯送給昕達的禮物豔羨不已，瘋狂追蹤鮑伯的夏日海邊別墅照片。昕達從來沒問過閨蜜群的男友們對鮑伯的看法，直到一切為時已晚，謎底才揭曉。

昕達與鮑伯約會一年後，兩人決定訂婚。一個月後，昕達才驚察伴侶的真實身分。說欺騙感情，那是太低估了這段關係所造成的嚴重傷害。鮑伯打從一開始就對昕達不忠，直到她發現未婚夫背叛的那一天，這段關係才正式終結；這真是昕達的幸與不幸。

這事以後，身邊的男性朋友才坦白說出他們對鮑伯的印象：「渣男無誤。我第一眼看到他的時候，就知道了」、「那傢伙根本是個徹底玩咖。他還試圖勾引我女朋友啊」、「看得出你太愛他了，我根本不想讓你知道他在你離開房間時說了些什麼難聽的話」……

想想看，如果昕達跟他結婚，下場如何？如果他們有了孩子，怎麼辦？後果不堪設想，肯定比現在更糟糕。當然，在這樣的情境下，去理解神經化學物質的功能、視覺系統的影響和熟悉感等等理論，都回答不了當事者的痛苦提問——「到底出了什麼問題？」深度理解熟悉度的重要性，或許可以幫助昕達認清，自己和鮑伯之間確實缺乏基本的共同點，去發展一段健康的伴侶關係。但就算釐清了「案情」，也無法預先警告昕達：這男人可能會欺騙她！

其實，這裡的問題不難：伴侶在踏入認真約會前，需要和對方的男女朋友群與家人打交道，發展一段「社交審查」的過程。昕達顯然疏忽了，沒有做到這一點。

我在本書第一章，列出了你的理想伴侶所具備的特質。這是個很值得你練習的功課（順帶一提，這由你大腦中的「大使」去完成），因為認清自己想要什麼，非常重要。另外，我認為到目前為止，我們的討論都驗證了你的原始本能似乎不太重視你的擇偶清單。其實，過去數十年來，許多研究與文獻已證實，當我們在選擇伴侶時，原始本能依據的是生理因素、臉部的對稱、氣味、味覺、觸感以及其他你無法控制的因素。如果你出動「大使」製作的理性清單來選擇約會對象，那這個人在頁面上所呈現的一切，可能是完美的配對；不過，你的原始本能大概不會同意。如果你的身體抗拒，那就真的不行了。反之，你或許也可以把心一橫，和一個完全不符合清單條件的人冒險約會一下，反正你的原始本能不會攔阻你。但長遠來說，找個不適合的人在一起，那會是個災難。

有些人可能會說：「我挑選伴侶的眼光差，總是選錯人！」聽到這樣的慨嘆，我的回應是——其實你的「擇偶眼光」很善於為你找到適合的人選——當然，那是從它的角度來看。關鍵點不是你的眼光有問題，事實上，根本不存在所謂「眼光很差」的問題。真正的問題或許是你還沒找到一個能幫助你審視伴侶的社交網絡。換句話說，你是在運用原始本能與主觀直覺來選擇伴侶，缺乏提供客觀意見的理性「大使」來主導。

你的社交網絡

在理想的狀況下，你可以仰賴自己的理性「大使」來幫你審視一位新對象。你其實有必要做到某種程度的檢視前置作業。首先，初步篩選；然後，展開更長時間的追蹤過程，善用你的社交網絡，深入認識與了解潛在伴侶的過程中，一邊蒐集相關資訊。米羅的遭遇，就是一個典型的個案。在和凱希交往之前，就算他來不及邀請其他人加入認識對方的前置作業，他也需要先做一些快速篩選的基本功。禮貌性的探問和提出合宜的問題，都是可行的方法，免得一開始就任由荷爾蒙主導而衝動行事，一步步失去理智。我們將在下一章內容探討一些具體可行的方法，透過有意識的觀察和提問，來了解你的潛在伴侶。

雖然如此，出動自己的理性「大使」，其實也有其限制。假如你的原始本能與理性大使的意見衝突，請問，這下要找誰來調解矛盾呢？所以，你也需要對外求助，尋求朋友圈和家人的協助，咨詢他們的理性大使，聽取有用的建議。話說回來，如果說包辦婚姻有什麼優勢的話，尤其是那些來自親屬安排的婚姻，我覺得那是我們家人已在熟悉度的認知上、認同感與「門當戶對」的基礎上，為我們提前做好審查檢視的作業流程，省下可能出現的認知偏差，也避免讓不可靠的第一印象來主導一切。

讓我分享一下我和妻子崔西是如何進行彼此審視的過程吧。首先，我們本來就彼此熟悉，因為我們在同一所中學就讀。那時，我是個內向害羞的音樂工作者，而崔西是個活潑外向的運動員。這兩個群體南轅北轍，所以我們沒有任何交集。時間快轉到十幾年後……我已離婚，偶然在學校的交友網站上發現崔西的名字。我給她發了封電郵信件，我猜她或許已經結婚了。後來才知道她也離婚，和一個十歲的女兒喬安娜一起生活。

雖然我們本來就認識彼此，但崔西和我差異極大。我們雖然早就知道彼此很不一樣，但同時也發現兩人其實共享一些重要的相似特質。比方說，崔西是具有德國血統的基督徒，而我的祖先則是俄羅斯的猶太人。儘管這一點天差地遠，但崔西的許多特質經常讓我想起我的家人，而我在成長過程中曾經受一位天主教女性的扶養與照顧。我們都來自富裕家庭，我們有共同的價值觀，以及對公平正義的道德立場。面對友情，我們有非常相近的感受，同時也都極度享受與熱衷社交生活。

崔西和我都沒有在彼此的朋友或家人那一方詳細審視過我們的前任，或至少未曾刻意深入了解這部分。當我們開始認真交往時，我們都明確希望不要重蹈覆轍，而且要從上一段失敗的婚姻中吸取教訓。因此，我們決定要竭盡所能、全面而謹慎去審視彼此的過去，也把對方介紹給我們各自的家人與朋友。

崔西的雙親在她二十出頭就已離世，所以我們特別花了不少時間和她的姊妹、姊妹的丈夫相處，包括和他們的整個家族一起度假。我們也和崔西的朋友、朋友的丈夫共進晚餐，甚至安排一些輕鬆出遊的活動。整體來說，我們雙方的家人都覺得我們既熟悉又不同。相處的一年多時間中，我們深受朋友與家人的祝福。大家常說，我們看來幸福洋溢，也有人說，我們看起來比過去更年輕、更健康。而我們的職涯發展也開始如日中天，與他人的關係也越來越好。我們都認同一件有趣的發現——如果我們早幾年嘗試交往，或許不會發現彼此那麼適合又默契十足。

這裡有一點要特別留意：這並不意謂著傾注全力去審視你的對象是一件十拿九穩的容易事。事實不然。我們都聽過這樣的故事：伴侶的家人與朋友都展現高度的接納和認可，後來才驚覺對方是個精神變態者。不過，這樣的情況不常見，倒也不必過度憂心。

［練習3］

很讚或不行

這是個閱讀本書的當下，立刻就可以應用和進行的簡單練習；而且鼓勵你應該與目前正在交往中的對象（若你還沒試過），或未來可能會認真發展成伴侶的對象，一起完成這項練習。我衷心建議你與約會對象進一步發展之前，能澈底審視了解對方。

1. 選出至少三位「審核者」來評估你的約會對象：㈠一位家庭成員、㈡一位同性別友人、㈢一位異性朋友。我建議至少三位，但如果你能找到更多人來幫你「評審」，那就更理想了。總之，評審不嫌多。儘量邀請那些非常了解你的人來幫你觀察，他們都是能對你直言不諱說真話的人。另外，最好他們本身也是愛情關係的「老手」——也就是說，他們不只是審核者，還是個感情上身經百戰的「資深老兵」。

如果你的家人不住在附近，那也可以試著使用線上通訊軟體邀請他們參與。如果你沒有家人，那就找個讓你覺得親近得像自家成員的人來擔任審核者。如果你的狀況像個案中的女主角昕達，一開始就知道家人會反對，那其實答案已昭然若揭。

如果你是同性伴侶（或準夫妻），你想知道是否需要來自異性的意見，那其實也無妨，有何不可？如果你願意，你也可以聽聽同性朋友的想法。關鍵是，盡可能獲得更多觀點。

2. 打電話給你的審核者，積極安排雙方見面的地點與時間。你沒必要讓對象知道他們是你心目中的審核者；你也無須向約會對象解釋這一點。換句話說，在你們感情剛萌芽的這個階段，安排約會對象和你的朋友或家人見面相聚，本來就是天經地義的事，那就讓它自自然然的發展下去吧。

你可以在同一時間一網打盡，把所有審核者約齊一起見面，但這樣的前提一般得是家人才可能做到。其實，大家相聚聊聊的場面也無須太正式；你可以和他們相約用餐或喝咖啡或外出散步走走。確保你們有充裕時間好好深談對話；也就是說，不要在烏漆麻黑又無法互動的電影院裡把你的約會對象介紹給你的審核者。

3. 見面相聚後，抽空與你的審核者好好深談。我建議你最好單獨與審核者對話；請明確表達你需要他們提供寶貴的意見，成為你的參考。請詢問審核者以下問題：

♥你對我的約會有何正面評價？

♥當我和約會對象在一起時，你喜歡當下的我嗎？你覺得我是否「自在做自己」？或者你覺得我和平時有何不同？（如果有，哪裡不同了？）

♥你認為我的約會對象待我如何？（請舉出具體的例子）

♥你覺得我們彼此的互動是否自在放鬆？（請舉出具體的例子）

♥你能想像我和這位對象長期相處的情景嗎？（若然，為何？若不然，又為何？）

♥你是否注意到任何危險的警訊？（請具體說明）

♥如果要你進行投票，你會豎起拇指稱「讚」，或搖頭否決？

當你進行上述談話時，盡可能專注聆聽，無論審核者對你的伴侶評價如何，或你對自己的選擇如何，切記不要為此辯駁或防衛。別忘了，你的目的是要從你信任的審核者那裡，取得誠實的寶貴意見。當然，沒有人可以迫使你接受任何建議。我只是強烈建議你，就算這些回應不符你的預期或事與願違，也請你要認真考量評估。

你很可能從三位審核者取得相互矛盾的不同建議。如果遇到這樣的狀況，你可以採取下列處理方法。首先，注意多數人的意見傾向，再參照你的觀感，看看這其中是否引起你的認同與共鳴。其次，回到你的審核者身上，試著再問一些後續的問題，藉此釐清他們做結論的緣由，請他們提供更多具體的例子來佐證他們的觀察。最後，請盡可能小心行事，尤其當一些潛在警訊已出現，更要謹小慎微。審核者可能留意到的危機警訊包括：你的約會對象表現出不合宜的調情等輕浮本性、過度殷勤的現象、私下貶抑你，或發現任何不得體、惹人厭的言行舉止。

關鍵提醒

在最理想的情境下，約會就是個水到渠成的過程，幾乎不需要耗費你太多心思或努力就可以進行的事。誰不希望自己的約會體驗能順利開展呢？就像音樂會上無可挑剔的演奏，或舞台上完美無瑕的舞蹈，或在某位特殊觀眾眼前的精彩演出，令人難以忘懷。我相信你絕不想出什麼差錯或顯得狼狽笨拙，但你一定會。無人能免。其實，約會就是個學習的進程——它不是自顧自完成一場精湛華麗的獨奏表演，約會更像是學習「琴瑟和鳴」的過程。尤其約會的互動涉及人際關係，所以，我們的神經生物學就已決定了我們終究會犯錯又搞砸。我們的原始本能經常會做一些讓我們的理性大使措手不及的行為舉止，至少當下往往來不及立刻修正或改善。而同樣令人尷尬的狀況，一樣會發生在你的對象身上。

然而，我至少能確保一件事：你會對自己內在所發揮的神經生物學能量，有更多敏銳的覺察與體會。迷戀的濃霧或許仍瀰漫籠罩，但你可以選擇不迷失。至少，你現在已懂得把許多錯事都歸咎於「神經化學物質惹的禍」；還有更好的消息——你會更理解自己的掩飾模式。不要低估自我認識的力量。或許你覺得這段內容的建議聽起來不像實際可行的技巧，而不以為然。但我相信，這其實是你在約會歷練中走向成功的重要基礎。如果你不努力去認識自己，去了解自己對約會的傾向與應對模式，那麼，無論多強多實用的技巧——即使有成千上萬的書籍傳授指導——都無法救你脫離約會失敗的遺憾。

除了幫助你更理性去認清迷戀的濃霧，你也可以善用社交網絡來審視你的潛在伴侶，這也能提升成功的機率。顧慮到我們的荷爾蒙可能會驅動我們做一些非理性的瘋狂事，所以，允許朋友和家人參與並提供一些不同角度的觀點，都是必要的。這些努力可以幫助你養成良好的約會習慣，奠定更穩固的基礎——當然，還有其他工作有待完成。下一章，我們將探討如何安撫約會中的緊張情緒，同時在約會中展現你最好的一面。

第三章

處理約會的緊張情緒

以下哪一種狀況，讓你聯想到第一次約會的感覺？七上八下、心慌意亂、手心冒汗、腋下出汗、食慾不振、咬指甲、尷尬的沉默、緊張、心跳加速、侷促不安、頭昏眼花或暈眩、雙膝顫抖、語無倫次、毫無把握……

或許這些敘述都不符合你的約會經驗。你反倒會形容自己的約會感受是——相當平和、冷靜、沉穩自若、自信、侃侃而談、笑容滿面、輕鬆自在。如果這是你誠實的回應，那真的太好了。祝你一帆風順。你可以跳過這章的內容了。但如果你的真實經驗出現在第一段敘述中，那我們得好好來討論一下。

這一章，我們要來探討，如何幫助你在新的約會關係中，展現你最好的一面。你大概已經曉得第一次約會耳熟能詳的建議：穿著得體、不要遲到、約會時間不宜太長，見好就收；最重要的是，不要隨意聊起你的前任……等等。這些建議都要謹記在心。讓我們來一些進階版的學習吧。我們在上一章內容中，提到神經科學的原理如何影響你的神經系統，進而影響你對潛在伴侶的反應，這之間的關聯環環相扣。我們將透過本章內容延伸這個主軸，好讓你進一步學習如何實際使用自己的神經系統，去優化你的約會體驗。

首先，我們要探討的是，在約會壓力下，我們的神經系統會如何運作？為何會表現出焦慮不安的狀態？當你了解自己的神經系統如何反應之後，就算那是不由自主的本能反應，知己知彼也會讓你知道如何應對和駕馭。我要建議的主要生物心理學技巧，是要請你對自己內在的神經系統運作模式，有知有覺，瞭若指掌。這個技巧有可靠的科學理據，絕非無的放矢，不過，需要你耗費一些時間來練習與適應；我相信你會逐步發現其中的趣味，創新又獨特。

約會時的焦慮表現

如果你和多數人一樣，覺得自己在某一次約會中的表現（別人也有同感）異於平時的其他約會與生活常態，那你可能會以為，應該只是這次有點失常，或認為自己早該發現其中問題，而且自己會找到解套。但事實不然。其實，我們在約會過程中所經歷的情緒波動，其起伏跌宕的程度，幾乎和奧運選手或舞者、喜劇演員、藝人等舞台表演者所面對的壓力不相上下。大家的普遍認知是，約會的表現理當「精彩絕倫」才能後會有期，有戲可唱。這樣的假設，自然引發約會主角的高度焦慮。如果運動員與舞台演員都能學會面對與克服這種壓力，你當然也可以做到。只是，需要一些努力。

讓我們從生物心理學的角度，看看發生了什麼事。當你一開始被潛在伴侶深深吸引時，正如我們在上一章內容所提及的，你的大腦功能會瞬間產生變化。首先，你的原始本能因衝動而開始目眩神馳、意亂情迷後「墜入愛河」，此外，這些原始本能也會對潛在危機保持高度警覺。其中發揮作用的是大腦部位中的杏仁核，它會不斷掃描你所置身的環境，尋找可能的危險面孔、聲音、動作與危險的詞彙和句子。它是觸發壓力反應的警報系統——無論我們經歷任何形式的焦慮表現與壓力時，都會發生。

舉個例子，譬如你給剛認識的約會對象講個笑話。當你妙語如珠時，你的杏仁核開始接收回應、處理數據，讓你產生一種預期——你期待對方嘴角線條柔和，瞇起雙眼，而且笑逐顏開。但如果你大腦的原始本能以非語言的模式對你響起小小警報時，意謂著它們無法分析你眼前的約會對象為何沒聽懂，顯然對方接不到這笑梗。但至少你的原始本能發揮一些作用，讓你免於繼續出醜、尷尬收場。

還不只這些喔。你的理性大使也沒閒著，全力出動；它們的目的是把原始本能所引發的警報平息下來。接著，你大腦內的「前扣帶皮層」（anterior cingulate cortex）和「眼眶額葉皮質」（orbital frontal cortex）開始扮演起類似「神經會計師」的角色，記錄你犯下的錯，並進行修正。舉個例子：當你的笑話成了冷場時，你的理性大使會分析整理出可能的冷場原因：「對方會不會覺得我無聊無趣？膚淺幼稚？或這個笑話很不妥？」為了解決問題並讓你的表現恢復常態，它們會即時建議你：「切換主題。談點無傷大雅、風險可控的話題吧，快喔！」一旦理性大使認定你可能處於某種情緒困境中，它們就會馬不停蹄、傾注全力支援；甚至立刻忙著替你規劃和預測你下一次可能再犯的社交錯誤——順帶一提，這個後果也會進一步激活你的「原始本能」。所以，你的理性大使與原始本能之間，在這樣的互動循環中，把你推入一般稱之為「焦慮表現」的狀態中。

當理性大使出手相救時，聽起來似乎是好事一樁，但缺點是，它們往往也占用了你大量的心理資源，使你難以自然行事。畢竟，在緊張不安之下，「自在做自己」是困難的。奧運選手與舞台上的表演者對這樣的問題一定很了解。即時大腦出於好意，但它的過度參與和介入，可能干擾到當事者的自然表現。

在約會中，每一個人都難免出錯，你可能手足無措、侷促不安。這些都是正常現象。好消息是，我會協助你學習如何善用生物心理學的技巧，好讓你的約會表現可以從容不迫、自然順暢。

待在安全區域內

我將推薦的生物心理學技巧，目的是為了讓你待在安全區域內。換句話說，這些方法背後的主要策略，是要推動你在未來的新關係中，確保你朝向穩妥與安全的方向前進。畢竟，要在約會時克服焦慮不安的表現，關鍵祕訣在於讓自己感到內外的安全與保障。

著名學者史蒂芬．波吉斯（Stephen Porges, 2011）曾提出神經系統在社交情境中所採取的三種策略。他把第一種策略稱為「安全模式」，這個模式包括控制呼吸的能力，以及保持眼神接觸、聲音調節、具備輕鬆與友善的互動能力。史蒂芬．波吉斯指出，在安全模式下，大腦的運作最理想，即使在壓力大的交流中（譬如第一次約會），你仍能感到安全。因此，你能在任何行動前思考一下，讓自己和對方都能保持冷靜，沉著應對。如果你一開始講的笑話有點冷，也沒關係；適時調整一下表達方式就好，莫急莫慌。這樣下去，約會就能順利進行了。

如果第一種策略行不通，神經系統會切換到「危險模式」，就是我們俗稱的「戰或逃」（fight or flight）模式，因為當你感到危機四伏時，要嘛迎戰要嘛逃離，這是你走投無路的兩個選擇。「戰或逃」模式會出現一些生理方面的特徵，包括口乾舌燥而不自覺咬唇、手心發冷冒汗、面紅耳赤、說話速度加快或聲音變得尖銳，身體、頭部和頸部的動作僵硬。在「戰或逃」的模式下，因為大腦功能備受影響而令你失去保有社交互動的能力。譬如當你或約會對象說了些極度尷尬的話，那你的身體將立即進入「危險模式」中。

如果連「危險模式」也失效了，那麼，你的神經系統便會進入史蒂芬·波吉斯所描述的「危及生命」狀態。因為無法戰鬥，也無處可逃，最終以崩潰收場。這些跡象和症狀包括頭暈、耳鳴、噁心想吐、肌肉無力、臉色蒼白、雙眼空洞無神。有些人甚至出現難以言語、聲音忽然變得異常低沉緩慢，譬如羞恥感，就是其中一個會激發這些身體反應的源頭。

我無意恐嚇你，也不是暗示你應該在第一次約會去體驗一下「危及生命」的過程。不過，如果你或你的伴侶曾在人生某個階段經歷過創傷，那麼，這些症狀可能會在首次約會的壓力下出現。但倒也無須太擔心，這些症狀通常只是間歇性的短暫發作，不必立即尋求專業醫療救助。

為什麼這些很重要？雖然這些模式是在神經系統中自動發生，但其實你有能力去調節，至少可以做到一定程度的修正。你可以有意識地讓自己處於安全區域內，持續待在那裡，確保自己是安全穩妥的。如果你想在約會中展現最好的自己，那就努力培養自己具備這方面的能力吧，因為這是至關重要的能力。

除了讓自己保持冷靜之外，你還需要評估你的約會對象是否能在困難的時刻，持續與你保持互動與交流的能力，甚至能在這些侷促不安的時刻，幫助你放鬆、冷靜下來。從平等相互原則來看，讓你的對象在你激動焦躁時安撫你，而你也能在對方情緒不安時讓對方身心安頓，那便是優質關係的開始；尤其一段關係若要能長長久久，雙方都需要學會這方面的支持力。就算是剛起步的約會，最好也能盡早開始留意雙方的相處之道，看看彼此在不同狀況下，是否能安心自在。

撫平自己的焦躁

或許，保持冷靜最有效的方法，是謹慎留意自己神經系統的起伏。這樣的自我察覺是朝向「正念練習」的關鍵要素。所謂正念，就是用心專注於當下每一片刻的細微體驗，包括所有感官傳遞過來的嗅覺、味覺、觸覺與視覺。每一種感覺都有特殊意義，傳達有關你內在狀態的重要信號。總而言之，這些線索讓你隨時掌握自己內在起伏來去的連續心境——從平靜到混亂的狀態。

除此以外，你還可以利用這些流動的信息作為回應，從中幫助自己身心安頓、漸趨平靜。

特別建議一種祕訣：以不帶批判、不分心的方式進行觀察。比方說，你若發現自己不如預期的心平氣和，千萬不要為此自責，那只會讓情況更一發不可收拾。你可以學習像一位經驗老道又公正的觀察者，對自己的經歷，進行自我覺察。此外，還要不讓自己分心。我們很容易受其他念頭或周遭的刺激而分心走神，錯過來自神經系統的線索與警訊。基礎的正念練習，可以追溯到數百年前的佛教傳統，不過，近幾十年來，心理學家與其他專家開始把這套練習應用在個體的內在修復等身心健康的領域。

［練習4］

正念呼吸

其中一種最簡易又有效的正念技巧，就是觀察自己的呼吸，就是這麼簡單明瞭。如果你從來沒試過，我建議你找個獨處的時間和安靜的地方，暫時放下繁瑣的日常活動。我說的不是很長的時間，其實，只需要五分鐘就可以練習。這個簡單可行的正念練習是很好的基礎，趁早學起來，可以為本書後續提出的方法預做準備。

1. 找個舒適的坐姿，靠著椅背坐好，身體放鬆、不僵直，閉上雙眼。
2. 多做幾次深呼吸，每一次都充分吐氣，讓自己放鬆。
3. 接下來，以自然的速度來進行你的吸氣與呼氣。請把所有注意力專注於呼吸上，留意自己的每一口呼吸。不做任何事去干預呼吸的節奏。你只需要留心覺察。
4. 或許會浮現一些岔開注意力的想法與念頭，影響你對呼吸的觀察。每一次發現這些分心狀況時，從容平靜地重新回到呼吸的專注上。
5. 五分鐘後（或無論你決定花多長時間來練習正念呼吸），留意你有何感受。請具體覺察自己的身體是否比之前更放鬆、更舒緩自在。

這是開始學習自我調節神經系統的好方法。當你越來越習慣隨時可以閉上眼睛，獨自進行這項練習之後，接下來，你可以開始學習在睜開眼睛、周遭有人的情境下，心無旁騖地練習正念呼吸。

我經常教導伴侶學習使用正念技巧，幫助他們在長期相處中保持一種相互扶持與支援的關係。譬如，當其中一位伴侶焦躁不安時，另一位則學習以冷靜沉著的方式回應對方，讓失衡的情緒感受恢復平衡。這種技巧在約會中也能派上用場。當然，兩者之間的最大差異是，伴侶關係已行之有年，而你和約會對象才剛見面，彼此還不熟悉。所以，約會初始階段還不需要對方協助你調節神經系統。但你可以從自我覺察開始，調節自己的狀態，並在約會進行時保持平穩。

精神科醫師丹尼爾．席格（Daniel Siegel, 2007）是研究正念的專家，他從神經可塑性的角度，向世人解釋並證實正念的成效。換句話說，正念幫助你實際去改變神經系統的運作模式。透過有意識的引導注意力，你會激活大腦中相對應的神經元，進而開發出新的神經通路。

舉個例子，假設你對約會對象的沉默不語感到坐立難安。與其立刻說些什麼試圖打破沉默（這個行為很可能更強化你的焦慮感），不如把注意力放在當下的感官體驗。根據丹尼爾．席格等學者對神經科學領域的研究，專注當下體驗的方法，可以在神經層面改變你的大腦活動，安撫你，幫助你在原有的情境下消解焦慮與不安。

推動正念思維的潔克琳．盧茲（Jacqueline Lutz）與她的奧地利同僚在二〇一四年的一項實驗研究中，發表了類似的結果。研究團隊找來兩組人，只給其中一組人接受正念練習，然後，同時讓兩組人觀看具有強烈情緒張力的照片，並為受訪者進行腦部掃描。研究結果顯示，受過正念練習的成員在觀看負面刺激的照片後，他們的杏仁核與腦部的活動起伏，比沒有正念經驗的受試者，來得更低更平穩。由此可見，我們幾乎可以合理推測，當我們置身實驗室外的生活環境中，譬如約會時面對類似負面刺激的真實經歷時，正念練習一定也能降低我們焦躁不安的起伏，達到類似的效果。

在潔克琳．盧茲的實驗與其他類似的研究中——受試者接受一種正念冥想的練習——他們被要求閉上眼睛、坐好調整呼吸，進行自我覺察與觀照的訓練。相比之下，我所強調的正念練習屬於比較非正式的輕鬆版——你不需要緊閉雙眼來覺察自己的神經系統如何運作。因為我覺得當你在約會中開始焦慮時，如果還要求你閉眼不看的話，恐怕會讓你更加心慌意亂。更何況，如果這是你和對方初次見面的話，這樣不明就裡的閉目過久，我敢打賭，恐怕就不會有第二次約會了。

［練習5］
正念練習

有個學習正念的好方法——和朋友一起練習。試著去找個「非潛在約會對象」、同時對學習正念也興趣濃厚的夥伴，約定好時間，一起練習。不妨把這場和朋友一起練習的活動，當成你的虛擬約會來進行吧。

1. 你可以透過有意識的放鬆肌肉，來平靜你的神經系統。為了達到這個目標，先從頭到腳，進行全身的自我察覺。留意身上特別緊繃的部位，把注意力聚焦在這些身體部位的肌肉放鬆上。然後，繼續進行檢視。若又發現某些特別緊繃的地方，那就再練習放鬆這部位的肌肉。反覆省察、反覆放鬆肌肉；依此類推。你和你的夥伴可以多練習幾分鐘，確保你們能掌握訣竅、駕馭自如。

2. 現在，請假設你和你的練習夥伴正在進行一場模擬約會。一開始，你們展開輕鬆的聊天，在對話過程中，同步留意觀察自己的身體，是否出現新的壓力感。注意你的臉部，是否太緊繃了？留意觀察你的脖子、背部、胸部、臀部、腿部和手部，甚至連手指和腳趾也都要注意到。來來回回地檢視，觀察身體是否出現任何緊繃與壓力，你只需要留意觀察，不做進一步評價或解釋，只需觀察檢視就好，然後，努力去放鬆任何緊繃的部位。

3. 練習結束後，和你的練習夥伴交換筆記，互相切磋所領受的感受。你們可以藉此提供對方自己對練習的回應，討論彼此看起來有多緊張不安或淡定放鬆，還有這些過程如何影響互動。

當然，這並非一次性的練習。就像訓練家中小狗站在舊報紙上排便一樣，持之以恆、反覆練習很重要。你需要持續透過察覺身體各個部位，是否出現任何新的壓力點，盡可能做到肌肉鬆弛、平靜心緒。你也可以把這樣的練習，發揮落實在生活中的不同情境裡——工作會議、體育競賽、課堂討論、求職面試、與家人相處等活動。熟能生巧，等你面臨真正的約會時，你已準備充分而游刃有餘。

提示一下：雖然我一再建議你要對自己的身體持續自我察覺，但當你真正赴一場約會時，千萬不要耗費心神去專注自己的身體或內在感受。如果你在約會對象面前不斷關注自己的身體需求，你肯定會眼神渙散而讓人覺得怪異，對方會覺得你根本心不在焉或對人家不感興趣，那就大事不妙了。下一章，我們將進一步討論如何將注意力放在對方身上，幫助你平衡與兼顧內在感受，以及放鬆肌肉所需專注的時間。

〔練習6〕

安全對話

我希望你再來一次模擬約會。之前我們進行的正念練習中，我們沒有把對話內容列入觀察重點。但這一次，你需要練習與你的夥伴具體詳盡地談論關於自己的事，包括不同程度的安全感與威脅感的話題。這些練習的目的，是要讓你除了觀照內心的感覺，還要了解——如何一邊談論自己，一邊同時面對內心的感受。譬如，當你侃侃而談時，保持心平氣和這件事，對你來說，容易或困難？當你感覺敞開和安全感時，會有什麼反應？當你感到不安或防衛時，又會如何？

1. 一開始，請用幾分鐘時間，透過正念思維與放鬆法，來平靜你的神經系統。
2. 請你的夥伴來訪問你。他／她可以隨心所欲探問你的背景，包括你的人生歷練、職場經驗、失敗與成功的故事、你的嗜好、感興趣的活動以及任何第一次約會時令人好奇與感興趣的話題。不過，在這個階段，避免太沉重的議題，盡可能保持輕鬆隨和。
3. 回答問題時，越清晰越好。當你在對話過程中，請你有意識地自我覺察身體的一些反應。

4. 接下來，請你的夥伴進一步詢問一些令你沒有安全感或不確定的問題。這些內容可能涉及你和前任或某個家庭成員之間，一些懸而未決的議題。
5. 再提醒一次，記得，當你回答時，請注意你的身體有何反應。
6. 在這場虛擬約會結束前，和你的夥伴討論你在回答這兩組問題時，你的感受如何。你的夥伴是否注意到你身體傳遞的差異？譬如，不同狀況與問題是否牽動你的臉部表情、聲調和肢體反應？

因為這項「安全對話」的功課是個虛擬約會，所以我鼓勵你容許自己隨心所欲去談論這些問題，然後如實「察言觀色」，看看會發生什麼樣的反應。試著寬以待己，不去批判你的經驗。

當你把之前所學的練習，應用在真正的約會實境中，你自然可以做出更明智的選擇。譬如，你知道自己對身上某種疾病特別難以啟齒，你會曉得要在什麼時候與什麼前提下，才會對潛在伴侶聊起這個話題。你可能會提早如實表達：「有件事我覺得特別難以啟齒。不過，我希望等我們彼此更熟悉之後，再和你詳細聊聊。」

請注意，我不建議你在真實的第一次約會（不是模擬約會）中談起你的前任或其他可能引發雙方緊張的話題；但是，這些話題遲早會（也應該）在真正約會中觸碰到，而這個練習的目的，就是希望幫助你為這些敏感話題提前做準備。

準備約會

到目前為止，我們已經討論了各種平撫身心靈的練習與方法。你可以在獨處時練習，也可以在工作或開車時默默練習，當然，更要在約會中把這些方法派上用場。同樣的原則也可以應用在準備約會之前。可別低估了適當的準備功夫對約會成效的影響。

赴約前一晚，尤其是第一次約會，我建議你盡早就寢。養精蓄銳，就要睡眠充足。有些人喜歡在入眠前想像隔天約會時心想事成、皆大歡喜。比方說，你或許可以想像親朋好友圍過來恭喜你完成一場成功的約會體驗。你也可以想像和你約會的對象稱讚你是個自然不造作、和藹可親又充滿樂趣的人，而且雙方都有意再約第二次見面。這些對未來情境「視覺化」的想像策略，有助於調節你的神經系統，使你充滿自信，倍覺輕鬆自在。

如果你時間充裕，另一個可以列入考慮的前置作業是，在赴約前先到健身房鍛鍊身體。透過運動，你的身體產生的快樂因子「內啡肽」，會讓你感覺精力充沛，同時也能有效降低焦慮感。

當然，你也可以和你網路上的支援群組聯繫，譬如說，在約會前聯絡一位親近的好朋友，彼此約定在約會結束後聊一聊；萬一約會不若預期順利，那你至少還有個溫暖的情感後援支持你。

充滿正念的一頓晚餐

不妨試試看，把我所描述的生物心理學策略，應用在如何有效管理你約會中的緊張情緒。基於我們之前討論的內容，我列下簡短可行的一些建議，讓我們從這些注意事項開始實際操練。

- 定期檢察身體上出現的緊繃，用正念練習去舒緩這些緊繃的壓力。
- 留意你的思想與念頭，隨時關注自己身體之前未曾出現過的緊繃處，放鬆、放下。
- 不要為未知與未來設想太多。
- 不要耽溺在焦慮中。
- 但也不去否認你隱約感知的焦慮。
- 赴約前，給自己足夠的休息，要有充裕的時間好好準備。
- 密切留意與關注自己的內在感知。
- 對你的約會，要隨時保持全神貫注。
- 也不要過度專注於自己的內在感知而忽略你眼前的約會對象，反之亦然。
- 善用你的感官：視覺、聽覺、觸覺、味覺、嗅覺。

我們來看看羅武如何把這些不同原則，應用在他和緹雅之間的約會。羅武在三年前和交往了七年的女友分手了，從那時至今，都沒和任何人約會。他透過交友網站認識了緹雅。他們倆年紀相仿，都是三十幾歲的專業人士。

約會前一晚，羅武確保自己睡眠充足。隔天一早，他先到健身房運動。開車到餐廳途中，他在車上聽一些舒緩心情的音樂，一邊開始調節自己的身心狀態；並確保自己不受任何約會的念頭而分心走神。他很了解自己，知道自己「想太多」的多慮傾向，會讓他壓力倍增。

羅武選了一家燈光美又明亮的餐館，這樣兩個第一次約會的人才能看清楚彼此的長相，也讓雙方的對話盡可能清晰明確。當羅武踏進餐館時，老闆告訴他對方已經到了。羅武一時緊張起來，他下意識覺得自己遲到了。但他立刻想到要放鬆身體的所有肌肉，隨後便意識到，其實自己沒有遲到，是緹雅早到了。

當他走向緹雅時，羅武盡可能眼觀四方，留意每一個細節。他注意到自己正從遠距視線轉移到近距視線。緹雅身穿一套優雅的白色洋裝。一頭及肩的棕色長髮，有些金色系的挑染。緹雅的脖子戴一條金色項鍊，鍊子上有個心型鎖片。手指上沒有戒指，右手腕戴了指針式手錶。羅武猜想她可能是左撇子。嗯，沒有聞到任何香水味。緹雅與羅武握手問候時，他注意到那是一隻溫暖而乾爽的手。他注視她的雙眼，微笑問候：「你好，緹雅。」

緹雅也予以回應，他們用數秒鐘時間握手問候。每一次當壓力與緊張感出現時，羅武都能隨時鬆弛自己緊繃的肌肉。他注意到緹雅的雙眼與鼻子間不對稱的迷人之美，他的視線隨之往下轉移至她的身體與穿著，包括她腳上的白色平底鞋。羅武快速打量眼前對象後，忍不住稱讚：「你真的好美啊。」

各自坐下後，羅武注意到緹雅眼眸低垂。她看起來很害羞，超乎羅武的預期。緹雅坦承道：「我有點緊張，」隨即反問：「你呢？」

「那當然啊！」羅武笑著回答。再多說也恐怕只讓她更覺不自在。兩個人第一次相處，難免冷場時刻。「我其實是個非常容易緊張的人，」羅武率直表達，「來，沒關係，把手給我。」他說罷，伸出自己的手。

「喔……好。」緹雅有些難置信，她的手還放在自己的大腿上。

「放我手上，你放心，我會跟你解釋的。」羅武向她保證。當緹雅把手心放在羅武手上時，他說：「溫暖而乾爽，和我剛剛跟你握手時一樣。那表示你其實沒有自己想像中那麼緊張。」

緹雅微笑回應：「謝謝你。我想，應該是和你在一起的感覺，比我預期的還要自在吧。」

羅武再度檢視身上緊繃的肌肉，盡可能讓它放鬆，同時和緹雅保持雙手緊握，四目相投數秒後，羅武提議：「我們來點餐吧。」

「喔，我幾乎忘了！」緹雅笑了出來，順勢把手抽回來，拿起菜單開始瀏覽。

讀到這裡，你可能會覺得羅武的舉止似乎有些刻意和掌控慾。其實，當你一開始初學如何應用生物心理學技巧時，有時候難免會有這樣的感覺。讓我們言歸正傳。不妨想想，羅武所使用的哪些技巧，可能對你最有效？然後去試試看。多多練習，熟能生巧，你會越來越得心應手，越來越自然。

關鍵提醒

即使是社交技巧超強的人，也可能在想到或真正現身第一次約會時，免不了緊張忐忑。本章和接下來的章節應該有助於讀者紓解類似的焦慮，讓你由內而外充滿更多自信，也確保你在第一次約會就能享有難忘的美好時光。我鼓勵你持續深化對神經系統運作的警覺與認知，從而學會讓自己更鬆弛些。我曾經內向害羞又有些社恐，身為過來人，我可以跟你保證，這些技巧和應用，無論對我的專業或個人生活，都讓我受益匪淺，成效極好。

本章內容的重點是「你能為自己做什麼」：你可以主導自己的神經系統，而非任它支配你的約會經歷，一切掌握在你手中。下一章，你將運用相同的生物心理學技巧，但這次的重點不以你的內在體驗為主，而是聚焦於你的約會對象。這個方式可以幫助你做判斷，評估一下這些潛在的約會對象，是否適合成為你的伴侶。

第四章

密碼解鎖：誰是好伴侶？

福爾摩斯，這位十九世紀出現在書籍裡的虛構大偵探，聲名享譽世界，這個幾乎等同神探的名字已成為字典中共同認知的專有名詞。這樣的定義倒也方便，因為接下來的章節中，我就直接邀請你在約會時成為「福爾摩斯」。身為「福爾摩斯」，你可以好好應用上一章提到的生物心理學方法，幫助自己更深入了解你的潛在伴侶。

我們在第二章中提到審視伴侶的三個階段。讓我們來簡單回顧一下。第一階段的審視，你需要觀察潛在伴侶是否符合你的基本條件。我們以「米羅與凱希」的個案作為討論，因為米羅深陷迷戀的濃霧中，而未能理性判斷凱希其實不是個合適的對象。如果米羅稍微用點心思，他很快會發現，凱希根本無意和他認真發展任何情感關係。如第一階段的審視，後續的檢視評估，是你可以自行完成的工作。在這階段，你需要搖身一變成為「福爾摩斯」，因為這個階段的細膩入微，要比初階篩選來得錯綜複雜（第二章所提及的第二階段審視，是由家人和朋友協助你進行深入審視；所以稍有不同）。

你可能認為第二階段才算正式的審視過程，但我不希望你低估了約會中所能進行的審視與評估。別忘了，審視與評估的最高順位，是你自己。其他人可以助你一臂之力，甚至從遠端的旁觀角度助你脫困，但真正深入現場第一線的人，終究是你自己。關鍵重點是：當你應用生物心理學的方法時，你手中也會掌握更多籌碼與資訊。我會在這一章內容表明，要如何獲得這些訊息，以及如何在約會中多多善用這些訊息。

化身福爾摩斯

化身福爾摩斯，你可以大量蒐集有關你伴侶的各種資訊。談到一般凡人，書中的原型福爾摩斯就曾說過：「你是看到了，但你沒有觀察。這兩者間差距之大，顯而易見。」雖然我們經常把「看見」與「觀察」這兩個動詞隨意交替使用，但其實「觀察」是個更深入、更細微的過程。任何一雙健康的眼睛都能「看見」；但「觀察」則是一個需要大腦傾全力去運作的過程。身為福爾摩斯，你的觀察力遠超越視覺的「看到」：請善用其他感官與你的語言能力，通力合作，就能讓你收穫更全面的資訊與線索。你會開始留意一些原來可能疏忽的細節——甚至是其他人視為無關緊要的細節。除此之外，你還可以提出合理的問題，藉此了解更多訊息，填補未知的空白。

福爾摩斯以他明察秋毫的推理能力著稱，他總有辦法把敏銳觀察到的細節，經過縝密研判後，發揮在關鍵的重點上。你也可以的。試試發揮福爾摩斯的邏輯思維，把蒐集的資訊好好拼湊起來，比對檢視。我的意思是，把這些資訊當成審視評估潛在伴侶的部分過程。透過這種冷靜的推論，可以安撫你內心原始本能的衝動，幫助你一步步進行理性與克制的權衡。

化身福爾摩斯還有其他好處。首先，留意你身邊的伴侶，可以讓你在約會過程中看起來不致過於沉醉在自我關注中——志得意滿而讓別人打下負評。此外，「福爾摩斯式」的審視，也是個訓練正念思維的活動，這對你的影響和自我觀照的內在體驗，兩者頗為相似——都能對你的神經系統產生鎮定與平靜的效果。或許更重要的一點是，當你對伴侶留心關注時，你會讓對方覺得自己賞心悅目，不僅感到被重視，也因你的陪伴而有安全感。每一個人都希望自己成為焦點，這種引人注目的感覺，太美好了。

說到這裡，我必須提醒一點，如果你的潛在伴侶感覺你似乎在進行審視、查問或任何打探隱私的行徑，那這次約會是第一次，恐怕也是最後一次了。沒有人喜歡被放在顯微鏡下細細檢視。可惜的是，很多人在第一次約會就好像身家調查般，迫不及待的強勢詢問，不僅令人討厭，最終也可能失去後續交往的機會。

總而言之，重點是「適可而止」，不要超越底線。你的任務是想方設法蒐集資訊的同時，還要避免讓人發現你在進行審視。記得保持身體放鬆，釋放肌肉緊繃；這些練習可以幫助你看起來風趣、投入、心胸開放、充滿吸引力。畢竟，這才是真正的你，對吧？

觀察非語言的線索

我們很容易在約會中——或任何有備而來的情境——想要保持警覺與清醒，但往往事與願違，經常因為一時片刻的分心而搞砸，或最終淪為非常籠統的觀察審視。然後，再一回神時，才不斷問自己：「喔，現在我到底該留意哪個重點啊……」為免事後來不及，我特別整理了一份清單，列出約會時你期待在對方身上觀察到的各種特徵。首先，我把這些控制在「非語言線索」的項目中。有時候，要同時留意太多潛在伴侶的言行舉止，可能會讓我們分身乏術而忽略了重要細節，所以，我建議你可以從下列這些非語言的觀察，開始練習。

- 眼睛（眼球顏色、炯炯有神的大瞳孔或小眼睛，雙眼周遭是否有何小肌肉動作）
- 眼神接觸（迴避、閃縮、凝視、柔和而親近感）
- 嘴巴（唇角上揚或下垂、雙唇緊閉、雙唇微張或輕鬆自然）
- 臉部表情（目無表情、表情太豐富）
- 臉部色澤（蒼白、漲紅）
- 身形儀容（挺直、弓背、傾斜）
- 動作與姿勢（煩躁不安與不由自主的小動作、平穩放鬆、抖腳、手指繞髮尾）
- 頭髮（髮色、層次分明、捲髮或直髮，髮型分邊左或右）
- 皮膚（額頭、雙眼或嘴巴周遭的線條、笑紋、魚尾紋、膚質是否黯淡）
- 慣用手（左撇或右撇）
- 身體（體重、身高、身形）
- 味道（香水味、洗髮精的味道、體味、口氣）
- 衣物裝扮（休閒或精心講究、首飾、穿環穿孔、紋身刺青）

♥ 聲調音量（聲音宏亮或輕聲細語、調節得當或聲色低沉）
♥ 笑聲（咯咯傻笑、刺耳大笑、起落有序、有誠意）
♥ 笑容（真心、假笑、起落有序）

當然，這是一部分清單。這些提示是為要讓你提前熟悉這些項目，幫助你的大腦預先準備，到真正約會當天，才能專注當下你所看到的事物。

這種深入觀察法只能在「不批判、無偏見」的客觀情境下才能發揮功效。你總不能對約會伴侶品頭論足對方的哪些優缺點，好像在心中給對方打分數：「嗯，我喜歡你這點，但你那點我不能接受……」這樣的心態也讓你無法全心投入約會，無從享受約會的過程；想想當你自我評價時，也很容易分散注意力。此外，你的約會對象也會從你溢於言表的神情，察覺到你的評價與打量。別忘了，你在看人，你也被看。不過，請你放心，約會過後，你有充裕的時間把約會當下所蒐集的資訊，不帶批判地進行分析與權衡。

當你的觀察和審視能力越來越熟練以後，你就可以開始善用約會當下所蒐集的線索，幫助你做出更快速合宜的回應。譬如，當你詢問對方有關即將到來的律師資格考試時，他若顯得煩躁不安的話，那意謂著你該避開這個話題。或者，如果你發現對方瞇起了雙眼，那或許你該建議是否調整一下旁邊的百葉窗簾。換句話說，你的觀察入微可以讓你隨時調整自己的言行，不然的話，你就無法適時回應而錯失良機。

我之所以在這裡特別強調「非語言溝通」，不是因為這部分比較重要，而是因為經常被忽略。但我也不希望你誤以為和約會對象的語言交流不重要。事實上，語言溝通太重要了。本書其餘內容主要集中在「你可以說些什麼」、「你可以如何表達」以及「如何聆聽對方的話」，好讓你可以打造一個積極溝通的雙贏基礎。所以，讓我們從基礎開始吧。

與潛在伴侶會面

當你要確定這位約會對象是否適合時，你從兩人對話中使用語言線索所拼湊的認知，和「非語言線索」的情況一樣，都是極其重要的參考指標。我們多數人可能會思索如何提問、問哪些問題，才能幫助我們有效蒐集可用的資訊，幫助我們進行更全面的評估。這部分很重要，同時也是個絕佳的起始點。

當然，這裡有些顯而易見又安全無害的提問：

♥你在哪裡出生？

♥你有兄弟姊妹嗎？

♥你從事什麼工作？

♥你在這個專業領域做多久了？

♥你最喜歡的顏色是什麼？

我沒有貶低這些問題的意思，我其實想讓讀者了解，所有這些問題都可以引發正面的後續效應。這裡建議的一些基本問題，不但適合你啟動第一階段的內在審視，同時也因為大眾化而間接幫助約會對象卸下防衛，輕鬆對話。譬如，你可能希望可以盡早確定這位對象是否在財務上安全可靠又負責任。當然，你的提問方式與姿態必須溫和，不可咄咄逼人，免得讓人感覺不舒服。

無論任何情境，把自己堵死在空泛又大眾化的提問中，肯定會讓你的約會陷入乏味無聊的窘境。你要學會提問的藝術，在這些基礎上增添色彩，善用這些問題來為你投石問路，從蛛絲馬跡中更全面認識對方。譬如說，你當然不只想要知道對方有多少兄弟姊妹，你更想了解的是，對方在家庭中的排行，以及家中手足間的關係是否密切。審視他們的家庭關係可以提供一些線索，讓你好好評估未來如果繼續交往下去，你期望和這位對象建立的家庭生活是否可行。後續的章節內容中，你會學習更多「如何認識潛在伴侶」的途徑，我現在先提供一些實際可行的問題指引：

♥你小時候全家會一起進行什麼樣的活動呢？

♥誰對你的人生影響最深遠？

♥你最喜歡的老師是誰？

- 如果你可以自由到世界各地旅行，你會想去哪裡？
- 有沒有哪一本書是你的最愛？
- 你最喜歡的「週日早上活動」是什麼？
- 你此生收過最棒的禮物是什麼？誰送的？
- 你希望自己十年後的人生是什麼樣子？
- 你覺得最恐怖的約會經驗是什麼？
- 你最想認識我的哪個部分？

當你提出這些問題時，接下來就是專注耐心聆聽。你可以問出世界上最精彩有趣的問題，但你若不曉得如何傾聽和關注，那就算你費盡力氣想了解對方，也是徒然無功。其實，聆聽還包括聽出語言背後的「弦外之音」。還記得嗎，身為神探福爾摩斯，你隨時都要觀察細思，包括對方說與不說的非語言線索，以及那些微妙的言外之意。下列練習，可以幫助你實踐這個功課。

【練習7】

聽到弦外之音

當你的約會對象開口說話時——無論是回答你的提問或主動和你聊起一些事——請留意一些細微的線索。換句話說，多多關注對方說話的語氣、內容大意與上下文的脈絡。在聆聽的過程中，不妨問自己：

- 你從約會對象所獲得的資訊，是否太少？
- 你從約會對象所獲得的資訊，是否太多？
- 你的約會對象是否誤導你或提供了假訊息？
- 你的約會對象是否開始離題、敷衍、顧左右而言他？
- 你的約會對象是否出其不意聊起從未提過的人事物？
- 你的約會對象是否沒任何明顯理由就忽然放慢或暫停對話？

當你依照這樣的方式留心聆聽對方字裡行間的弦外之音時，你不只了解潛在伴侶的生活與實況，也包括對方的想法與感受，甚至稍微掌握對方可以在這段關係中，發揮什麼樣的職責。我們會在後續內容中更深入討論這方面的議題。

把線索拼湊起來

截至目前為止，我們在本章所涵蓋的內容，幾乎等同「福爾摩斯偵探技能初階課程」。如果你在約會時能保持清醒，專注當下，同時自我觀照與管理好你的內在體驗，然後再留心觀察你的約會伴侶，如此一來，你就能掌握好基本盤，游刃有餘。你也會讓自己處於身心放鬆、享受樂趣的最佳狀況，然後，拭目以待你的潛在伴侶如何回應你。

不過，我其實不想讓你有這樣的印象——誤以為「這就是有關生物心理學的所有技巧」。事實上，當你越來越深入掌握這些方法之後，你會漸漸發現這些原則進可攻退可守，功能多元又強大。以下我特別舉一些例子，說明伴侶如何在約會初期，有效善用生物心理學技巧來解構約會過程中許多令人費解又錯綜複雜的線索，梳理後，再尋求解方。

托賓與麥可約在咖啡館見面，那是他們的第一次約會。托賓小心翼翼觀察麥可，他注意到麥可很常抬頭注視門口。每一次有人應聲入內，麥可就會不自覺望向門口，對客人行注目禮，那種打量的眼神，有些無禮。但托賓不想對這位約會對象武斷批判，想給對方一個解釋的機會，於是他問：「對不起，你在等人嗎？」

麥可稍感訝異，反問道：「我？沒有啊。你怎麼會這麼問？」

「嗯……我注意到你好像一直盯著那扇門看。」

「沒有啊，」麥克否認後再補充說明，「我不覺得我盯著門看欸。」

當他們的約會持續進行時，麥可不再看著咖啡館的門，但托賓忽然少了「解讀對方臉部表情」的線索。麥可笑容不多，外人難以從他的表情去辨識他是否無聊或冷漠或其實開心滿意。雖然如此，托賓還是覺得眼前的約會對象充滿吸引力，於是，托賓躍躍欲試，提出第二次見面的建議，而且約在較為隱祕的地方。面對這項提議，麥可把他的幽默本質發揮得淋漓盡致，熱情回應托賓。他還主動向托賓坦承，自己幾個月前才向家人出櫃，而他們在咖啡館的約會，其實是他此生第一次約會。

生而為人，我們需要從另一個人的臉部表情與聲音起伏所傳達的清晰線索，才能判讀雙方狀況是否安好。無論我們是有意無意或有感無感地進行這些審視，我們都會忍不住從對方的外在去搜尋足夠的線索，以確保自己目前的方向正確，彼此相處是否融洽、是否相互理解。如果你發現對方不苟言笑、臉部少有表情，就像麥可一開始的狀況，那或許會讓身邊的我們有些無所適從，而感覺焦慮、不確定。面對判讀資訊不足的情境，我們理所當然會自行填滿空白處。約會時難免感覺壓力，那是常態；也因此，我們容易忽視一些正面訊息，自然會傾向較負面的臆測，嗯，會不會哪個環節出了問題？

托賓的個案就是個典型的例子。我們看看他如何觀察入微與彈性回應，第一次約會便漂亮出擊，化險為夷。當對方感到有些被冒犯或大惑不解時，他能夠從掌握手中的線索去發現對方值得

「第二次機會」。當他發現麥可在第一次約會時有些令人不快的反應時，他預感對方可能是過度緊張了（理由充分），後來也不出所料，結局是皆大歡喜。

扮演福爾摩斯的偵測行為，其實也可透過另一種方式進行；那就是善用你手中僅有的線索，力挽狂瀾，避免一發不可收拾的災難。

舉個伊芙琳與傑克的例子來說明。經過第一次還算圓滿順利的約會，過了幾天，伊芙琳邀請傑克和她一起騎單車出遊。騎了大約十六公里左右，他們回到伊芙琳的公寓，稍作休息。

伊芙琳在那段時間特別關注到傑克表露無遺的神情——高興時、難過時、說起令他生氣的議題時的各種臉部表情。她正逐步去解讀與辨識那些表情、手勢與聲調所傳達的意思。當然，一切從零開始。但當他們坐在伊芙琳的客廳悠閒喝冰茶時，她似乎已對傑克掌握了一些基本認識。傑克的眼神有些閃躲，沒有直視伊芙琳，而且看起來有些不自在。

「覺得怎麼樣？」伊芙琳問道。

「喔，還好啊，」傑克邊回答邊把桌上的一本書拿起來看，依舊刻意避開與伊芙琳眼神接觸，「騎單車確實是個很棒的運動。」

伊芙琳明確解讀到傑克的迴避——就是一種被否決的不適——她感覺自己的身體有些發熱。雖然伊芙琳知道有些狀況不對勁，但她無法具體指出真正的狀況如何。伊芙琳持續保持密切關注，同時把話題轉向比較和緩輕鬆的內容。「嗯，說說你這個禮拜過得怎麼樣吧！」

「其實，這個禮拜過得有些怪怪的。」傑克稍微停頓，然後再說，「很難解釋。你呢？你過得如何？」

顯然傑克讓伊芙琳踢到鐵板了，雖然伊芙琳覺得挫折，但她還是認真面對提問，開始聊起自己身為記帳員的工作。事實上，伊芙琳的內心深處還是很好奇，到底傑克想隱瞞些什麼。

傑克冷不防打斷伊芙琳的話，忽然直接發問：「你有和其他人交往嗎？」

伊芙琳有些措手不及，回答：「喔！當然沒有啊。」她把握時機，順道想釐清這會不會就是傑克欲言又止的問題，於是反問對方：「那，你有嗎？」

「其實，我曾經短暫交往過的一個女生這個禮拜忽然和我聯繫。這有點奇怪，因為我們這六個月來都沒有聯絡。」

伊芙琳點點頭。當他再度提到「奇怪」這兩個字時，伊芙琳似乎看出這可能就是傑克亟欲隱瞞的重點。她開始懷疑對方到底有多誠實。「事態嚴重？」她表達關切。

「喔！沒事沒事，一點也不嚴重。」傑克以高亢的笑聲來回應，這讓伊芙琳感覺對方並不坦誠。她有些調侃表示：「和你約會好像讓其他人都顯得微不足道了，你還真的很完美啊！」

脫口而出的「完美」兩字，讓伊芙琳的胃部一陣緊縮不適。顯然這兩個字並非她的真實想法。伊芙琳的內在線索隨即和傑克的眼神閃躲、隱瞞否認，都連結起來，這讓伊芙琳逐漸認清真相——她或許無法信任眼前這個男人。當傑克忽然傾身向前親吻她的嘴唇時，伊芙琳及時伸手，阻止對方。

「不，」伊芙琳堅定回絕，「不行。」

伊芙琳明確表示自己不想再和傑克進一步約會。最主要的原因倒不是對方同時與其他女生交往。伊芙琳把同時和他人約會這件事，看得正常而自然，這個階段會這麼做，其實也沒什麼大不了。真正讓伊芙琳感到不舒服和無法接受的是，傑克無法坦蕩和她真誠互動與相處。

我們由此案例檢視，伊芙琳善用她的偵查與審視能力，懸崖勒馬，及時發現問題癥結所在。她蒐集了足夠的相關線索，提早發現傑克極有可能對她撒謊。如果伊芙琳的警覺性不足，她或許就迷糊地延續這段關係，然後以傷痕累累的欺騙告終。你可能會認為，其實伊芙琳並沒有掌握任何確鑿的證據，足以證明對方撒謊或對她欺瞞。確實沒有。不過，在這樣的情境下，如果我們把許多生物心理學的訊息拼湊起來，寧可採取比較安全的決定，也總比事後懊悔還要好。至少，我們會建議伊芙琳退一步觀望一下，待蒐集更多資訊後，再決定也不遲——譬如，未來可以考慮電話聊天，同時留意他在討論彼此的事件和觀感時，他所表露的語氣——然後，再重新評估是否還要持續約會。

關鍵提醒

記得，約會一開始，每一個人都會使出渾身解數，呈現自己最美好的一面——包括你。我們都希望自己人見人愛，這是人之常情。當人們迫切想要某些目標時，心有所求會讓他們在壓力下不經意表現出一些較為負面的真面目。就像奧運賽的滑冰運動員傾全力呈現最完美的表現，就像試圖在政見辯論會中極力保持最佳形象的政治家，或像某些名人想方設法在鏡頭前保護自己的公共形象，這些情境確實如此。我們的自動化大腦——原始本能，在高度壓力下時，會更提升自動化的速度。當你開始練習我所敘述的生物心理學技巧時，請容許自己——和你的約會對象——稍微放鬆一下。你們個別或兩人偶爾在某種情況下極有可能會說些愚蠢的話或做些尷尬的事，請輕鬆以對，別太緊繃。

因為這個原因，我才把觀察入微的過程形容成「福爾摩斯式」的審視，將此納入持續評估的指標。這不是做一兩次就能快速得出結論的事——除非你的約會對象身上存在太多破綻，使你無須多做審查便能把對方三振出局。如果是這樣，那你的努力確實很快獲得回報，而你也就當機立斷，採取適切行動。否則，你就要持續觀察、蒐集資訊。與此同時，我希望你能好好享受約會，既然已經學會新的觀察技能，應該可以幫助你在察言觀色的功課上，更駕馭自如，覓得良緣佳人，收穫理想中的美好關係。

第五章

知己知彼

到目前為止，我相信你已掌握一些約會的生物心理學竅門。你應該也對自己有幾分吸引力、對你們雙方的共同興趣和彼此的差異瞭若指掌。你已認真啟動觀察的審閱過程。說不定你還帶對方和自己一兩位朋友見過面了呢！程序走到現在，沒有任何警訊顯示你的對象不合格。看來萬事大吉，繼續前進。

現在，我要提出一個嚴肅的觀點。我相信要好好認識一個人，判斷此人是否值得進入穩定的長久關係——亦即做出重大的承諾前——需要約一年的時間來觀察。在此之前，你對這個人還稱不上足夠的認識，甚至你自己是否適合和對方長期相處，都言之過早。絢爛的新鮮感還在。我不是故意說些大煞風景的話來潑你冷水。事實是這樣的，如果你能把世界級幽默大師馬克吐溫說過的肺腑之言納入考量——一對夫妻必須歷經四分之一個世紀的婚姻生活後，才會理解什麼是真愛——那麼，一年已是個振奮人心的鼓勵。

因此，這一章內容，我們將集中討論與約會對象相處的一整年內會面對的各種狀況。一般在前一兩次的初期約會中，你基本上已和對方展開一種類似「逛大街」的互動模式——在觀察與觀望之間，你已知道自己要什麼，也明白什麼特質最吸引你。經過幾次約會後，你開始把大街旁的商店大門打開，走進去；決定要不要採買吸引你的東西，打包帶回家。

也許你覺得我竟把感情這樣的事當成商品交易來相提並論，會不會太粗暴了。當然不是。但我還滿喜歡這樣的比喻，因為我認為這樣的說法突顯我們在選擇伴侶的過程中，我們大腦裡不斷面對一系列的選擇與決定——有很多甚至是無意識的判斷。我會在本章內容中分享更多大腦在這方面的運作模式，甚至具體指出你需要從哪方面去深入理解你的約會伴侶——我指的是對方的性格、習慣等連他自己恐怕都不了解的方方面面。要掌握這些技巧還滿棘手的，所以我們要花些篇幅來深入探討。

買單前，你該知道的事

為什麼要真正認識一個人得花那麼長的時間？因為，人類是個錯綜複雜的生物。如果你的新朋友試著向你推銷「簡單」的東西，別買別信。人世間沒有這種好康。難道我要你找個宣稱自己很複雜的對象開始第一次約會嗎？不，我也不信這套。在約會初期就迫不及待坦承自己「複雜或難相處」的人，極有可能會適得其反。如果對方同時又誇你善良好相處，這恐怕也是澈底偏差的言行。

就像我們之前所討論的，你的原始本能是衝動行事的。它們希望一切自動化，該怎麼樣就怎麼樣。這意謂著它們本質上傾向速戰速決，毫不猶豫，不加思索。這是個神經系統正常運作的過程，在許多情境下也是助益良多，但若應用在交往中的伴侶，很可能會釀成大問題。你若想要真正理解一個人，就得與對方長期互動。譬如，當你和對方爆發衝突時——相信我，再甜蜜也終究會走到這一步——你可以藉此體驗，你們在衝突中的互動是怎麼一回事。你也需要知道潛在伴侶在各種情勢與壓力下，會出現哪些狀況？濃情蜜意時，兩人都會竭盡所能為對方展現最美好的一面，但你也必須看到對方最糟糕陰暗的那一面。如果你錯過這些必要的過程，當狀況不佳或處境艱難時，你會不知所措，不曉得是否能如實接受對方。

我並非嚴格提議一定得花一年才能澈底認識另一個人。沒有人規定你不能在約會一年內就閃電結婚。沒什麼不可以的，很多情侶都這麼做，而且看來也很美滿。我的觀點其實簡單明瞭：想要真正了解你的伴侶，是需要時間的，而這些「面談試鏡」最好能在婚前進行。如果你不想花這些時間，那你「踩雷」的風險自然也會大幅提升。

我在本書第一章曾邀請你描述一下心目中的理想伴侶。或許你想要重新再瀏覽一下那張清單內容，因為你就是要在這個根基上建構一切。從我們剛剛提到的「購物比喻」中，那張理想伴侶的清單，代表你內心的想法與期盼——就像你細細端詳櫥窗裡那輛閃閃發亮的新車。你好愛那款紅色車，標價也讓你心動，反正從你這個最佳角度看過去的一切，都是你夢寐以求的美好。不過，這輛車開起來感覺如何，試駕起來又如何？你毫無概念。我這麼說你大概明白我的意思——所謂約會的「試駕期」，顯然比買台新車還要複雜多了。

你要如何執行這個過程呢？還好，依附理論提供我們非常有效的一種方法，可以幫助你更加了解你所購買的東西。我假設你包容我繼續使用購車比喻來闡述我的論點——你不只是買「一輛車」；你會非常留意類型或車款。當我們談到人際關係時，你所亟欲關注的「類型」，其實就是建構在對方的安全感與可靠度上。

三種依附關係

心理學家已設計一些途徑來區分主要的依附類型。上世紀下半葉，瑪麗・愛因斯沃斯（Mary Ainsworth, 1971）與其研究團隊設計了一個她稱之為「陌生情境」的試驗（Strange Situation）——讓研究人員觀察一名孩子玩耍的狀況，一開始的情境是父母在場，接下來邀請一名陌生人加入一起玩耍。事實證明，當父母離開後再返回現場時，有安全感的孩子與缺乏安全感的孩子之間，反應迴然不同。

安全型的孩子不因父母缺席而感覺太困擾，因為他們在親子關係中安全感十足。另一方面，缺乏安全感的孩子一旦發現父母離開時，幾乎沒有表現出任何痛苦等負面情緒，但當父母返回現場時，孩子持續迴避或忽視他們的父母。事實上，這些父母的反應也和他們的孩子一模一樣：父母一見孩子也絲毫不寒暄問候，表現淡然。由於父母對親密關係的漠視，孩子似乎也不尋求任何親密接觸，甚至將親密互動視為一種侵犯；那種感覺好似聽到孩子冷冷回應：「你現在想幹嘛？」其他缺乏安全感的孩子則以依附來回應。當他們的父母離開時，他們表現出強烈沮喪挫折，甚至可能試圖阻止父母離開。當父母返回時，孩子會因父母「剛剛拋棄離開」而表達憤怒。在此情境下，父母的表現則是充滿兩極化的矛盾情結，時而親密，時而克制。這樣的結果導致孩子在情感上備感困惑，也缺乏安全感。

我特別詳述這項研究，不只因為這些研究過程與成果令人震懾，而且也讓我們理解成人關係中建構安全功能的重要性，並為此奠定基礎（你若對此特別感興趣，建議你可以在網路上尋找「陌生情境試驗」的影片）。我並非暗示你需要釐清自己小時候會如何反應這樣的情境，反之，我建議你應該把這項關於依附狀態的研究，視為成年人如何在人際關係中發揮正面效應的基礎。在一個安全環境中長大的個體，基本上，成年後的人際關係也是充滿安全感的。如果一個孩子在欠缺安全感的環境中成長，等他成年後，層層堆疊的不安全感可能造成他們與伴侶之間不自覺保持疏離冷漠，甚至帶來關係上的矛盾。

錨定型、孤島型、浪潮型

心理學家使用類似「安全型依附」、「迴避型依附」與「矛盾型依附」等術語來描述主要的幾種依附型態。這些描述其實正好對應剛剛提起有關「陌生情境試驗」下的三種反應。我傾向使用更簡單的分類：「錨定」、「島嶼」與「浪潮」。這是三種主要的依附型態，一旦你對此有所了解，就能幫助你站穩關係中的優勢位置，使你對約會伴侶的認識與了解，更有跡可循。

三種類型各有不同的優勢，請參考下列表格5-1。接下來的三章篇幅中，我們將針對各種類型詳加說明。不過，你可以先參考下列不同優勢，看看哪種敘述最能貼切描述你的人格特質。

表5-1　三種依附型態

型態	優勢
錨定型	很有安全感 願意承諾、樂於與他人敞開分享 一般來說，是個快樂滿足的人 可以輕鬆順應當下的需求
孤島型	獨立自主、不依賴人 把自己照顧好 富有生產力與創意，尤其在足夠的空間下，成效更好 隨和、好相處
浪潮型	慷慨大方、樂於付出 關切他人需求、善於照顧人 和別人在一起時特別開心，享受群體生活 有能力察覺問題的正反兩面向

型態不同，反應不同

你不必等到關係穩定後才去了解這些不同型態與特質。即使在約會的最初階段，這些類型與相關特質已開始浮出檯面。

來看看法蘭與萊思特這對開始約會的朋友。他們年紀相仿，三十多歲，目前正進行第三次約會。法蘭是一本著名新聞雜誌的撰稿人，曾因截稿日期逼近而不得不取消過一次約會，今天下午臨時要求把原訂六點的約會延後兩小時，因為她有點趕不急。萊思特在精神科診間擔任助理，他對取消約會與遲到延後的行為，感到有些不安。他很想釐清法蘭是否對這段感情認真感興趣。

他們倆都對第一次約會感到滿意。萊思特的敏銳細心、對法蘭深感興趣和充滿幽默感的個性，都讓法蘭留下深刻的好印象。而法蘭的自信與才貌雙全也讓萊思特怦然心動。萊思特曾有過一段婚姻，前妻嫌他窮而離開他。萊思特覺得自己已走過前段婚姻的哀傷期，開始整裝待發與前進。法蘭未婚，前男友覺得法蘭太以事業為重而輕忽情感關係，最終決定和法蘭分手。

我們和他們約在餐廳碰面。法蘭輕盈自信走進來時，萊思特早已坐在位子上，法蘭足足遲到了二十分鐘。她向大家道歉，伸手擁抱萊思特。法蘭以為萊思特會順勢站起來回應她的擁抱；但萊思特卻如如不動，依舊坐著，那一站一坐的擁抱姿勢，顯得有些失衡與彆扭。

「法蘭，」為了不讓法蘭發現他內心深處的不滿與惱怒，萊思特刻意以平靜的聲調提問，「我發現你的工作要求很高啊。」

「對呀。」法蘭坐下，快速瀏覽菜單。她對著菜單喃喃自語，顯然在兩道主食之間猶豫不決，然後抬頭看一眼萊思特，說：「我好餓！」

萊思特無意讓她轉移話題。但他似乎越來越難以掩飾心中的不滿，他的語氣不再鎮定，直球對決質問：「這樣的情況會成為常態嗎？」

「什麼情況成為常態？」法蘭反問。

萊思特開始狐疑不解——難道她真以為自己的行為沒問題嗎？或她只是比較健忘？萊思特再次和她確認：「你常因為工作而在最後一分鐘取消約會嗎？」

法蘭冷不防想起前男友，曾經也因為同樣的問題而引發爭議。「你為什麼這麼問？」法蘭試圖辯解，不答反問。

萊思特感受到法蘭的惱怒，態度趨緩。他想起前妻曾怪他太黏人、讓她在關係中得不到足夠的空間。「不為什麼啦，」萊思特輕描淡寫道，「只是好奇。」

服務生走過來，他們各自點餐。萊思特顯然有些坐立不安，他覺得應該回到剛剛的議題，把問題聊開，於是他解釋：「就像我剛才說的，你上禮拜取消了我們的約會。這樣的情況會常常發生嗎？」

法蘭蹙眉思索。她以為這個話題已經結束了。「這是個讓你擔心的議題嗎？」她反駁。

「什麼？」面對法蘭丟回來的球，萊思特覺得很不是滋味，他不想讓法蘭誤以為自己是個愛抱怨的人。於是，他又丟了個問題過去。

法蘭覺得自己已經把話說得很清楚了，但看來事與願違。她試著想要澄清。她一方面也認為無須勉強，如果萊思特無法如實接受她的現況，那他們或許應該在這段關係尚未變質惡化之前結束交往。「你會因為最後一分鐘不得不取消約會而覺得不舒服嗎？」法蘭問對方，再補充：「我很抱歉，真的是不得不這麼做。不過我也得坦承，確實啊，這樣的情況時不時會發生。」

萊思特重申他之前的立場與心態。「沒關係，沒事。我純粹好奇。」

「嗯，好吧，」其實，法蘭打從心底不相信萊思特會不介意，她愈發懷疑眼前這位男士的個性，恐怕遠超乎她期待中那種隨和自在的互動標準，「我認為你不只是好奇。我聽起來，臨時取消約會這件事真的會讓你覺得困擾。」

「完全不會困擾。」萊思特否認，試圖力挽狂瀾。他一想到這位聰穎迷人的女子可能因此而終結他們這段剛萌芽的戀情，他的胃隨即一陣絞痛，難過得幾乎嘔吐。近乎本能反應，萊思特以為自己只要表現得跟法蘭一樣，雙方的張力，就能立刻修復。他故作輕鬆，大聲笑道：「嘿！我也很忙欸，我有時也會不得不取消約會喔。」

這對剛交往的情侶開始見識到雙方的人格特質中，一些可能危及彼此關係的潛在威脅。萊思特表現得過於情緒與黏人，而法蘭則過於專注工作、情感疏離。但他們都不太確定這些觀察與評論是否正確無誤。不過，由於我們的大腦善於把記憶中或熟悉的經歷，和當下最新鮮的事件相提並論；於是，大腦會傾向對彼此熟悉的事件做出熟悉的反應。而一旦心中最擔心的隱憂一如所料被確認了，那這段關係則可能斷崖式下跌，因而搖搖欲墜。一如我們剛剛所看到的對話，法蘭已開始考慮終止他們之間的關係。或許當天約會吃到甜點之前，說不定就結束一切了。

事實上，當我們檢視他們的交往方式時，不難發現，萊思特與法蘭其實缺乏對互動模式的認知。如果萊思特提早認識法蘭的人格特質，就是我之前所分類的「孤島型」，而法蘭也能提前認清萊思特是典型的「浪潮型」人格，那麼，他們的關係可能還有一線生機。萊思特或許可以這麼想：「好吧，我明白她的想法和動機。她其實不是針對我，我不必放在心上或太介意。身為孤島型的法蘭，她渴望獨立自主，自然想要擺脫任何綁手綁腳的期待。如果我們想要好好發展這段關係，那我們就得學會如何共同努力。」在法蘭這一邊，也許她也能對萊思特展開類似的「易位思考」，而非近乎本能地預見這段關係可能無疾而終。法蘭其實可以這麼為對方設想：「身為『浪潮型』的萊思特，他的外顯行為是表達需要與親近感，尤其面對一個像我這樣追求自由自在的人來說，更是如此。但我其實很欣賞萊斯特其他方面的特質。如果我這麼輕率就拋棄這段感情，那未免太愚蠢了，而且確實有欠公允。」更何況，隨著他們之間的關係不斷發展與逐漸穩定，其實也可以敞開心懷，聊聊彼此不同的依附類型，這對雙方未來如何有效溝通與融洽相處，肯定助益良多。

你可以提供什麼

一段長期關係，是兩個人之間允諾的某種契約。即使在約會初期就開始謹慎考量你想要一段什麼樣的契約關係，從來都不會嫌為時過早——不只要思索你期待從對方身上獲得什麼，同時也包括你可以為對方提供什麼。換句話說，不是只有「你可以接受什麼」，還得想想「你可以提供什麼」。

基本上，你要提供或付出的，就是「你」自己。正如我們剛剛所看的，你所能呈現給這段關係的重要元素，其實是你如何對應的模式。接下來的三章內容中，我們將深入探討這三種主要類型的差異。但首先，我們要先釐清一些更基礎性的認知：你的誠實程度，以及你心裡清楚自己「可以提供多少」。我遇過太多不夠清醒的人，他們總是等到最後，才猛然發現自己「提供了其實不是真正想付出的東西」。

來看看這個案例。蘿拉與芮伊在數週前，透過共同的朋友而相識。當蘿拉知道芮伊鮮少出門吃飯，蘿拉提議帶芮伊去見識一下很棒的餐廳。她開心說道：「我來請客。你想去哪裡？」

「哪裡都好！」芮伊回答。

蘿拉介紹並描述了幾個地方，還一一列舉出不同地方的精彩之處，一些芮伊可能會喜歡的特色。

芮伊聽了之後，對蘿拉說：「你挑吧！」

蘿拉選了個景觀餐廳，可以邊用餐邊看日落；而芮伊也答應赴約。雖然受邀到這麼特別的餐廳讓芮伊有些受寵若驚，但她的內心深處卻已莫名泛起自慚形穢的念頭，擔心蘿拉會覺得自己配不上高級餐廳，甚至拒絕她。

約會那天，當她們開車前往餐廳途中，芮伊忽然提起最近下載的一部影片。當她們抵達餐廳時，芮伊竟沒來由地提議，不如一起到她的公寓去看那部電影，不下車了。

蘿拉一臉困惑。「現在？我以為我們說好要來這裡吃晚餐啊。」

芮伊盯著餐廳的代客泊車處。「這家餐廳太高檔了，」芮伊怯怯地說，「我覺得自己穿得不夠體面。」

蘿拉笑道：「不用擔心，大家都很隨意。更何況，你看起來超可愛。」蘿拉走過另一邊，為芮伊開車門。

芮伊似乎不改原意，繼續追問：「所以你是說，不想來我的公寓嗎？」

蘿拉皺眉回答：「我沒這麼說喔。」

芮伊立刻警覺到蘿拉的蹙眉表情。頃刻間，她開始擔心自己是否破壞了這場約會，她趕緊致歉：「對不起！你主動請客，我卻冒犯了你。其實我很能隨遇而安。我甚至覺得自己可能會讓人覺得太過率性而為，輕鬆自在。」

當你聽到芮伊用這樣的說辭來自清自辯時，或許你也和蘿拉一樣，不明所以、不知所云。率性而為？輕鬆自在？如果真是這樣，那她應該會說的是「任何地方都可以」，顯而易見，這是一個徹底搞不清楚自己在他人面前是什麼樣態的女人。

或許你會質疑，真有人會做出這麼抽離實況、不靠譜的自述嗎？根據我的經驗，很多人確實常常有意無意，誇大其詞或輕描淡寫地呈現一個「與事實不符」的自己。我們對自己的認知，與我們在他人眼前實際的表現，這之間常存在一個巨大的落差。當你開始一段約會關係時，如果你把自己「提供的優勢」包裝成一個「不真實」的自己，那你很可能會陷入困境中。

所以，第一步，知道你是誰。

顯然，你必須要誠實。有時，你甚至得做到毫無保留、赤裸裸的誠實。譬如，芮伊可以這麼表達：「我在豪華高檔的地方，會覺得不自在。這些地方讓我覺得很沒安全感。要承認這一點還滿尷尬的，但我選擇坦承我的脆弱，因為我真的很想認識你。如果我們能在晚餐約會前，先找個比較輕鬆的環境見面聚聚，你覺得好不好？」當然，前提是芮伊對自己的個性非常了解，而且能夠坦然以對，不躲在「輕鬆自在」的形象背後，自欺欺人。當你更深入了解「錨定型」、「孤島型」與「浪潮型」的內容後，你可能會想回頭來檢視，推測一下蘿拉與芮伊各自代表哪種類型的人格。

你現在可以開始面對自我認識的過程，把這項提問視為約會過程的關鍵角度。我不覺得有必要接受任何精神分析或重新回顧你的童年經歷。然而，釐清「你是誰」其實是你這段人生經驗所累積的「成品」，明白這項基礎原則，意義重大。想想看，你這一生深受每一個重要人物的影響，同時也包括某些時刻中一些不那麼重要的人。其實，你對關係的信念與認知、以及關係對你的意義也來自他人。這些想法和價值觀，絕非無的放矢或憑空捏造；它們早在你童年時期便已扎根而形塑成你生命的一部分了。

你可能會不喜歡我接下來要說的內容。一般來說，我們傾向接受一切想法與信念都源於我們自己的內在。但這說法與依附理論背道而馳。數十年來的研究報告顯示，我們生命最初與主要照顧者之間的關係，極有可能形塑成某種形式，牽引我們走向此時當下的人生道路。簡而言之，如果你在小時候所體驗的關係是充滿安全感、全心全意與備受關愛的關係，那麼，你成年時有更高的可能性擁有安全感與愛的關係。如果你不曾在一種深受保護、情緒穩定的環境中成長，那麼，等你成年時，恐怕發展不了安全感的關係。我並非斷言你無法擁有美好、滿足與長久的關係；只不過，你可能需要加倍努力去面對與克服。

【練習8】

你能提供的優勢

踏上自我認識的途徑，我建議你列一份清單，把你覺得必須提供給伴侶的各種價值與特質都寫下來。就像你在本書第一章列出心目中理想伴侶應具備的特質一樣，這份清單也可以當成你的「優勢與強項」。放心，我們接著就來討論一下你的其他特質。

為了幫助你探索個人優勢，這裡提供一些分類，讓你參考：

1. 你的外型亮點
2. 你的人格特質
3. 你的技藝與能力
4. 你的興趣與愛好
5. 你的人生觀與世界觀
6. 你的道德觀、靈性與信仰

你現在可能想要把這份功課中確認的優勢，和第一章你曾列出的理想伴侶條件相互比較。不過，請你注意，這裡的目標不是要做到你之前已確認的理想特質。正如我一再強調的，你不是在找個和你一模一樣的複製人。不過，了解自己是誰，有助於你找到適合的對象，這一點無庸置疑，而且很重要。在約會世界中，除非你知道自己是誰，也了解你的優勢，否則，你很難釐清自己到底想要什麼。

現在，我們要進入更具挑戰性的部分。如果你只全神貫注於自己的優勢，那這樣的自我認識是不完整的。當你開始一段關係時，你必須清楚你能提供的每一項價值與強項。當然，我不是要你帶著自己的「資產負債表」電子簡報跟對方報告你的身家背景。我要強調的是，請你對自己的各項特質與亮點，瞭然於胸，這麼一來，你才能對你的潛在伴侶坦蕩誠實，必要時，能適時發揮與表現。

［練習9］

你能提供什麼？

下方列表分兩組，各有十項敘述：I你對自己的看法，以及II他人對你的看法。請瀏覽列出的內容，記下你贊同的敘述。你不必在書中標註，你無須讓任何人知道你的答案。只有一條必守的規則——務必誠實；否則，這項功課就毫無意義了。

I	II
我比較需要關愛	別人覺得我比較需要關愛
我比較高度情緒化	別人覺得我比較高度情緒化
我比較黏人	別人覺得我比較黏人
我比較不那麼情感傾向	別人覺得我比較不那麼情感傾向
我比較健談	別人覺得我比較健談
我比較疏離	別人覺得我比較疏離
我傾向逃避衝突	別人覺得我傾向逃避衝突

我比較愛據理力爭	別人覺得我比較愛據理力爭
我會發號施令、也比較專橫	別人覺得我會發號施令、也比較專橫
我比較一意孤行	別人覺得我比較一意孤行

針對這些敘述，想想你的答案；可能會出現多種模式。也許你不認同表格內的所有敘述。如果這是你誠實的回應，我覺得也很好——那意謂著你和伴侶將有望發展一段輕鬆自在的相處模式。另一個可能性是，你在兩大分類的陳述中所勾選的題數一樣多。你勾選的項目越多，約會的難度與挑戰也越大。但好消息是，你將因此而對任何人際關係保持警覺與警惕。

還有另一種可能性是，面對上述兩大分類，你對其中一個分類下的諸多項目勾選較多。如果你在第一分類中勾選的項目較多，那會讓我有些擔心。或許你覺得這是件好事，因為看來你很能隱藏自己一些不太體面的特質。但先別得意太快。生活中某些情境或許隱瞞得了一時半刻，但在人際關係的世界中，這是行不通的。面對長時間相處的伴侶，這些特質遲早會暴露無遺而爆發衝突。如果你勾選較多的是第二欄的陳述，那我會更加憂心。因為你會覺得其他人誤解你，或錯怪你了，你根本不相信自己有那些特質。這是災難的起點。原因很簡單，旁觀者清，他人對你的覺察，很可能比你對自己的判斷更透澈。

重點：當我們談到「認識你是誰」與「你能為一段關係提供什麼」時，有兩件關鍵大事要謹記在心。首先，認清自己的弱點和理解自己的優勢，同樣重要。其次，釐清自己的特質如何影響他人與影響自己，同樣重要。為達成這些練習的目標，所以我特別要求你衡量一下別人眼中的你。你還可以持續追蹤下去，不妨找你的朋友甚至你的潛在伴侶來驗證他們對你的認識是否符合你的臆測。透過用心察覺別人對你的回應，你可以從中獲益良多。當然，你也可以單刀直入，直截了當詢問他們對你的看法。

你可以接受什麼？

我們花了很多篇幅來討論你能提供的優勢。我相信你應該能理解我多麼希望你能花心思關注自我的認知。當然，自我認識也包括認清自己可以接受什麼。謹慎決定自己可接受的部分，肯定要經過檢視與審查的過程，這是無庸置疑的。少了理性的反思，你很可能誤以為自己正和夢中情人約會，等到你發現真相與理想之間的巨大落差而驚覺不妙時，恐怕為時已晚。

接下來的三章內容中，我會引導你分辨「自己可以接受什麼」。你可以藉由下列兩大提問對你的潛在伴侶投石問路：

♥問問對方的過去。

♥觀察對方在你面前的言行舉止與對你的反應。

在上述兩種情境下，你都要把之前學會「化身福爾摩斯」那種觀察入微的精神與技巧派上用場。如果你到目前為止的檢驗進度只到「福爾摩斯基礎版」的入門，那請你整裝待發，我們準備要進階到「福爾摩斯2.0」版了。

伴侶圈圈

一如我在《大腦依戀障礙》這本著作所提過的「伴侶圈圈」概念，這其實是雙方的認同——把你們的關係放在生活中最優先的位置。你心甘情願為你的伴侶這麼做，你的伴侶亦然。當你們都如此認定、如此實踐時，你可以把自己放置於安全的繭裡，讓自己免受外在因素的干擾與衝擊，藉此保護你們的關係不受侵犯。我相信這個兩人建立與維護的伴侶圈圈，或許是一段成功的關係之所以能堅定不移的重要指標。

你可能會以為，初識時便要考慮如何落實伴侶圈圈，會不會操之過急了。不過，我的建議是，這其實是開始考量的絕佳時刻。如果你想等到未來關係確認之後，再來建立共識，可能為時太晚。伴侶圈圈不會憑空出現。它需要時間的累積，也需要隨著關係的建立而逐漸演變與形塑。

當你踏上「認識自己、認識潛在伴侶的關係型態」這段過程中，多聊聊你們各自對關係的觀點與原則，具體了解一下這些想法：

- 在什麼情境下，你們各自都感覺安全與安穩？
- 在什麼情境下，你們各自都感覺危險與不安？
- 你們會如何面對與解決危及安全的環境？
- 你們各自想要什麼樣的保證？（譬如：「我永遠不會離開你」或「我們的關係永遠擺第一」）

藉由這些對話交流，如果你認定了這是符合你期待的關係，那你已準備好為成功的伴侶圈圈蓋好基礎了。我將在本書第十一章，進一步敘述如何將你們之間的共識建立在比較正式的協議上，確保你們的伴侶圈圈能穩定延續下去。

解構更多迷思

我們在第一章內容中已探討過關於約會與人際關係的六大常見謬誤與迷思。在我們往下延續前，這裡還有一些和依附類型有關的迷思，同時也和你進入全面認識伴侶的過程有關，值得你花些時間來釐清這些偏見。

迷思七：最佳伴侶都是無須呵護又耐操的

我敢打賭你心裡一定很想找個隨和耐操又好養的伴侶，對吧？誰不想要一個獨立又善解的伴侶啊？我不覺得有人會自討苦吃，去愛上世界第一難搞的人。

當然，有些人確實會不由自主去找個難相處的伴侶。也許在你的原生家庭中，去照顧難相處的人是一種常態，例如家裡有酗酒的父母或患有躁鬱症的手足。你可能會想說，「反正我也習慣和難搞的人在一起，沒差吧？」於是，當你開始約會時，你會不自覺被艱困的狀況吸引。可能你來自一個獨善其身的家庭，自立自主。在這樣的家庭環境下成長，你的任何需求或依賴感，都是奢求，甚至是不被允許、無法被接受的。因此，你對「無須呵護又耐操」的定義，自然有所偏頗。就算你遇到的是個相對比較獨立的伴侶，但對你來說，也可能讓你覺得對方太黏而難以忍受。所謂「隨和耐操」的伴侶，應該是陷入昏迷時還能自行使用維生設備來保住性命的人。

從我的觀點來看，任何一段忠誠、穩定與長久的關係，其實都不存在任何「無須照顧、隨和耐操」的伴侶。如果你覺得目前的約會伴侶真的「不用太照顧」，先別急著下定論。一旦你們的關係進入難分難捨的穩定期，很多事情也會跟著改變。你們都成了彼此關切的主要對象。你伴侶的車子在高速公路上拋錨？「好的，親愛的，我馬上來！」你伴侶患上流感？「立刻送雞湯過去喔！」而且很可能幾個小時後得流感的人就是你了。

所以，不要覺得你會找到一個可以放手、不必呵護的對象，那是自欺欺人的假象。你將在接下來三章的內容中看到，某些類型的人看起來確實比其他人獨立自主，不需要太多照顧，但不會有人是真正完全不需要被照顧的。如果你覺得自己真的找到這樣的伴侶，我猜應該是這位伴侶不願照顧你，或對方根本不願讓你照顧她／他，這種關係很快就會把你們帶往婚姻的盡頭。

迷思八：我們情比金堅，永不磨滅

我們在第一章就已說過其中一種似是而非的關係迷思：「你唯獨需要的，只是愛」。讀到這裡，你既已掌握一些戀愛的生物心理學原理，那不妨來思索一下這些迷思的排列組合吧。譬如說：信念——或甚至是「盼望」——可以讓蜜月期無限延長，永無止境。抱歉，這樣的期待根本是妄想，是永遠不會發生的。

一如我們之前所討論的，人性本能的「雞尾酒」特質，會把迷戀期發揮得淋漓盡致，讓你目眩微醺，意亂情迷。這些分泌的化學元素會讓你和伴侶都比平常表現得更優秀、更積極主動，甚至更真摯專情、敏銳貼心與興致勃勃。然而，這些讓你出類拔萃的「雞尾酒」特質，是有保鮮期的；這是生物心理學的實況。當然，保鮮期的長短因人而異，但效能肯定會逐日減弱。當絢爛回歸平淡之後，因為理解，於是，你對伴侶與親密關係等不切實際的浪漫期待，將不再衝擊你。浪漫想像，逐一被現實取代。

雖然激情階段的保鮮期有限，但不減損其核心價值。想想看，如果少了這些「展示最好最美」的階段，愛情恐怕就乏人問津了。當你服下一帖對症下藥的神經化學處方後，你的恐懼或害羞便能消散退去。同理，在你建立長期關係時，你也需要注射相當劑量的健康無害「現實感」。現實感的有效期限長得多了。

事到如今，好消息是：你終於可以如實恢復原有的自己，而你的伴侶亦然，成為真正的自己。不過，另外有個壞消息是來自人性中殘酷的玩笑：你深愛的對象，和你往後人生中令你煩心的，恰恰是同一人。但你也不必太擔心，能彼此坦然接納真實的自己，才可能讓你們的愛情歷久彌新，真情實意。

迷思九：潛在伴侶若有任何缺點，我們都可解決和改變

當然，並非人人都能立即接受「和一位討厭的伴侶住一起」的想法。誰想要啊，對嗎？但我們很容易停留在思想與期待，而不是去面對與解決。比方說，你會這麼想：「我真希望你還是之前我認識的那個開朗活潑的人。別那麼嚴肅嘛，放輕鬆一下，我就不會被你搞得心煩意亂了。」或另一個反面想法：「我向來最喜歡你的冷靜與隨和。但現在這些特質卻讓我很惱怒。你可以稍

微熱情一些嗎？多和我說說話，多投入一點嘛，可以和我的朋友多一些熱烈互動啊。你為什麼做不到呢？」

無論哪一種想法與期待，都是災難的源頭。起初，你找到心目中確認的理想人選，但後來你漸漸覺得這個對象需要做一些改變才能讓你繼續想和對方在一起。放下「解決和改變」的念頭吧，不妨這麼想——無論順境逆境，你和伴侶都要彼此接納、互相順應。你無論如何都要去接受，不管你們雙方誰是錨定型、孤島型或浪潮型，你們終將承擔彼此過去與現在的創傷，包括雙方的家庭、人際關係等問題。簡而言之，好好接受最真實的自己。這也意謂著要成為一個理想的好伴侶，未來還得靠你負重前行。當然，你的伴侶亦然。

關鍵提醒

無論對你或你的伴侶來說，彼此充分認識與了解，對你們都是互惠互利的好事。如果你無法清晰而真實地面對自己，那你也將無法如此面對你的伴侶。戀愛初期的甜蜜階段，雙方竭盡所能展示最美好的一面，那是人之常情；我們也討論了如何讓初識的約會對象留下深刻的好印象。除此之外，你還需要具備穿透表象的辨識能力，認清對方真實的一面——不是你期待中的他／她，也不是對方試圖表現的那個形象。這樣的洞察力，需要用點聰明的技巧和自知之明。接下來的三章內容中，我們將分別把注意力聚焦在錨定型、孤島型與浪潮型三大重點，希望能幫助你深入「探索模式」的旅程。以親和甚至有趣的方式來善用「福爾摩斯式」的探查技巧，幫助你加速約會過程，以免遇人不淑而浪費時間。

第六章

錨定型：兩人總比一人好

我要在這一章讓你對錨定型有更全面的認識，幫助你確認自己是否屬於錨定類型。具備這些認知也會使你在約會時更有所依據，判斷你的潛在伴侶屬於哪一型。這是很有幫助的方法，尤其當某人其實更似「島嶼或浪潮」但卻試圖以「錨定」特質向你表現自己時，你就能一眼看穿，辨識真偽。

我要事先說明，這三種不同的關係類型並不是健康情緒的指標。你的類型只是你的關係經驗所累積的自然結果。如果你認同某種類型，不代表你非得成為有別於自己原本的樣子。認識這些類型的重點，是要引導你更深入理解你在親密關係中的行為與反應，這麼一來，當你開始約會時，你才知道自己展示與表現什麼。

一切人際關係，都可以帶我們趨近或遠離一種安全與平等的理想目標。兩個人的個性不會沒來由就忽然讓一段關係水乳交融或反目成仇。關係的本質，其實就在於雙方是否具備高度的意願去創造、經營與維繫——一段合作無間、互相善待的關係。假設你是孤島型或浪潮型，或你的伴侶屬其中一型，那你很可能會想要採取某些與安全平等不一致的行為模式；我建議你把這些傾向視為警訊。檢視一下做與不做的動機和理由，可以幫助你察驗自己如果真的對伴侶不公不義、麻木無情時，就該承擔自己行為的責任與後果。換句話說，這樣的意識是建立安全關係的好起點。

我還想澄清一點，錨定型關係的人，並非優於孤島型或浪潮型的特質。錨定型關係的人，也不保證就能建立安全平等的依附關係。同理，與錨定型關係的人約會，也不保證你就能享有安全平等的關係。

當我越多投入對依附關係的研究，我就越相信——與其宣稱自己與生俱來這樣或那樣，還不如從「類型」角度去面對自己與認識伴侶，來得有用可靠。事實上，你的關係類型不出這些分類，可能是錨定型、浪潮型或孤島型，你的伴侶亦然。當然，人群中總有許多自帶名片的成員，我指的是那些從小就已被認定屬於錨定、島嶼或浪潮型的人。不過，我們也必須承認，不同的型態是會隨著我們一生歷程的轉折而不斷變化的。我們或許會漸漸變得更加錨定，或越來越島嶼或浪潮，一切取決於我們在人生某個特定時間軸所面對的主要關係為何。認識與理解每一種類型的特質，有助於強化這份信念：你可以隨時選擇轉向安全平等的依附關係。事實上，因為約會代表一份新關係的開始，所以，也是學習與鍛鍊的好時機。

至於我，我自己主要的關係傾向是錨定型；但我也有一些島嶼與浪潮型特徵。我相信當我進入成年階段後的人際關係傾向，更趨近錨定型，尤其和我的妻子崔西一起生活以後更明顯。崔西從小成長在一個安全穩定的家庭中，從早期至今，她的關係傾向是典型的錨定型。當我們開始約會並發展長期穩定的情感關係後，我們的互動又增強了彼此的安全感。而我對依附理論的專業與實踐也幫了不少忙。我們有意識地探索並建立一種安穩持久的關係。譬如，我們都是彼此的主要聯繫人；我們把對方置於一切關係的優先地位，並悉心維繫我們的伴侶圈圈。我們也同意成為彼此二十四小時全天待命的伴侶，彼此不隱瞞，隨時分享真心話。類似這些雙方認同的協議，奠定了關係的安全基石，使我們的關係更堅定不移。

本章開始，我們要深入檢視你個人的關係傾向。就算你確定自己不是錨定型，我還是建議你加入這個錨定測試。說不定你會發現自己在某些方面是錨定型。接著，我們再繼續探討你伴侶的關係傾向是否屬於錨定型，進而了解這樣的互動會以什麼樣的方式，體現在你們的關係中。

你是錨定型嗎？

在我為錨定型關係下定義之前，我希望你先來檢視一下，看看哪一個陳述最真實描述你的童年。當你回想時，你會發現我們的關係型態，其實早已根植於生命最初的人際關係中，都是有跡可循的。因此，為要了解你的關係型態，你必須試著回溯過去，反思一些互動如何形塑成「現在的你」。

【練習10】

錨定型測試

請回顧以下十項最適切說明你童年時期主要照顧者的陳述。你可能需要準備一張紙或平板電腦，隨時寫下你的答案。務必誠實面對，因為這是為你而做的，不是我。當你在進行這些自我測試時，切勿倉促瀏覽這些題目或一邊看電視一邊隨意做。務必花點時間好好反思這些陳述。

我這裡所謂的「主要照顧者」指的是最初照顧與監護你的人；很可能是你的父親或母親，也可能是祖父母、監護人或其他長輩，即使你成長的背景不是一般認定的傳統主流家庭型態也沒關係，因為這個概念的重點，是想藉此檢視對你影響最深遠的關係。

當你在下列陳述中勾選「正確」以前，我希望你的頭腦裡至少想起一個相關的清晰記憶。如果你想不起任何與陳述相關的鮮明記憶，那麼，請你勾選「錯誤」。至於類似「他總是……」或「我知道他會這麼做是因為別人告訴過我……」或「我知道這是真的，因為我曾經看過一張照片……」這些說辭與

「記憶」，都不算數。我所謂的記憶，必須是你自己親身體驗的，而且是針對你個人的。

當我還是個孩子時（十三歲前）

1. ……至少其中一位主要照顧者，會把我們之間的關係，看得比他／她自己的需求、成就或打扮外表更重要。

正確＝1　　錯誤＝2

2. ……至少其中一位主要照顧者會隨時忍不住想牽著我、搖著我、抱抱我、親親我。

正確＝1　　錯誤＝2

3. ……至少其中一位主要照顧者花很多時間與我面對面、四目交投與肌膚相親的共處。

正確＝1　　錯誤＝2

4.……當我感覺煩躁不安時，至少其中一位主要照顧者能及時有效地安慰與撫平我的情緒，而不是冷落、打罵、忽視或懲罰我，也不是用禮物或糖果來搪塞哄騙我。

正確＝1　錯誤＝2

5.……至少其中一位主要照顧者會撥出時間與我特別獨處。

正確＝1　錯誤＝2

6.……至少其中一位主要照顧者會讀書與唱歌給我聽，或陪我玩。

正確＝1　錯誤＝2

7.……當我在夜間感到害怕時，至少其中一位主要照顧者會過來陪伴我，或容許我親近他／她，讓我尋求安撫。

正確＝1　錯誤＝2

8.……當我經歷痛苦或挫折時，至少其中一位主要照顧者能了解狀況，而且及時有效地照顧到我的感受。

正確＝1　錯誤＝2

9.……至少其中一位主要照顧者對我瞭若指掌，深刻理解我。

正確＝1　錯誤＝2

10.……我認為我的主要照顧者在他／她所有的人際關係中，都對人充滿敬意、寬容與快樂。

正確＝1　錯誤＝2

現在，請把上述十題答案分數加總起來，「正確」一分，「錯誤」兩分；看看你的總分是多少。

你在這項錨定型測試中能得到的最高分是20分，而最低分是10分。如果你勾選的答案都是「正確」，那你的分數是10分。如果你的分數介於10到12之間，那你很可能是錨定型。如果你的分數高於12分，那你可能是孤島型，或浪潮型。

思考這些錨定型測試的題目，對你是否造成任何影響？你會很難想起一些具體記憶嗎？當你年幼時，或許父母中的其中一位比另一位更善於為你提供足夠的安全感。也許父母雙方在某些地方很稱職，但其他方面卻不甚理想。也可能你的父母並未為你提供任何安全感，但其他長輩譬如祖父母彌補了你所需要的安全保障。無論如何，這些早期關係都對你現在如何面對約會，有舉足輕重的影響。當然，這對你的潛在伴侶亦然。

當你閱讀以下對錨定型孩子與成人的描述時，請繼續反思你的經驗。看看你讀到的內容是否證實了你剛剛在錨定型測試中所得到的結果。

錨定型孩子

錨定型的童年，一般來說，成長的家庭文化很重視家庭成員之間的關係為主，家人勝過一切。至少其中一位主要照顧者隨時在嬰兒身邊全程陪伴與照顧。請注意，這並不意謂著這位照顧者非得是全職家長不可。這裡要強調的重點是互動的品質，而非以時間長短多寡來計算。照顧者是個心中有愛的人，而且對自己與嬰兒的思維和舉止都充滿好奇。這種溫暖與興致滿滿的情感互動，從幼年持續到青春期與成年初期。

這種無微不至的照顧，不該被誤解為一種窒息壓抑或全面掌控的生活。錨定型家庭既尊重關係的互相依賴，也尊重個體的人格獨立。錨定型孩子對照顧者既不會過度獨立，也不能過度依賴。錨定型家庭按著公平正義與敏感的原則，來維持家庭關係的運作。錨定型父母對孩子心懷高期待，但也提供孩子高度支持，助孩子一臂之力，讓他們可以實現自己的目標。雖然如此，愛的關係連結，永遠比期待與表現更優先、更重要。

錨定型家庭不會漠視、忽略或逃避情緒，也不害怕談論這些感受情緒。他們不會偏好某種情緒狀態或忽視其他情緒狀態。錨定型孩子無論在快樂、悲傷或生氣時都同樣會被接納，因此，他們常感被愛，也有滿滿的安全感。

錨定型成人

錨定型的安全關係從幼年時期所建立的基礎，及至成年後，都能使他們在生活各方面形塑令人滿意的人際關係。錨定型成人往往在工作上表現卓越，如魚得水的社交能力，也讓他們備受眾人肯定。他們與大部分人相處融洽，包容差異，尊重不同。在愛情關係中，他們明白一對伴侶其實是置身於兩人系統中，必須真的相互搭配與合作無間，才能幸福圓滿。在這層意義上，他們堅信，兩人總比一人好。

我之所以把這種型態稱之為「錨」，是因為只有「錨」能將船隻牢牢固定在港口，免得它隨波逐流，漂到海上。同理，錨定型伴侶也有能力相互聯繫，讓雙方都感到彼此牽引、有安全感。重點不是他們被局限在某個港灣，而是他們總能找到讓彼此感覺安全、有保障的存在模式。當他們決定從安全的港灣出發，揚帆出海時，他們仍保有自己的錨，所以他們常有安全感，也知道雙方都可以隨時回到他們共同的港口。

錨定型成人是充滿深情的，無論身心都會熱情投入，而且勇於做自己。他們不怕被遺棄，也不怕被埋沒，他們可以從容穿梭於安靜獨處與眾人簇擁之間，來回都游刃有餘，隨遇而安。他們可以透過直言主動的自我表述來定義自己，譬如：「我選擇你」。他們有能力與伴侶或他人協議共識、與達成雙贏局面。錨定型者的謙遜與虛懷若谷，使他們樂於用平等思維與他人共處，沒有優越感或自卑感。錨定型者的道德羅盤總是指向相互善待、公平正義與敏銳善感的方向。這不是一種展示，也不限於特定某些人、事、物。

另外最重要的是，錨定型者是個神隊友。因為他們打從心底相信，兩人總比一人好。當他們開口說話時，他們會把聆聽者放在心上，讓對方更容易跟得上他們的意思。他們不會滔滔不絕，也不會太寡言少語；更不會在敘述一些故事時，離題、曲解誤導或令人困惑。

聽起來是不是讓人覺得錨定型者宛如天使或完美的人？當然不是！錨定型者也和其他人格一樣，會讓人厭煩和惱怒。他們會講些愚蠢的冷笑話或開會時遲到、或永遠噴不夠除汗臭的淨味劑，或老是忘了離開房間時隨手關燈，或其他罄竹難書的言行舉止。不過，他們韌性十足，內在素質無比豐富。他們恆常覺得自己和至少一人有密切關係，所以，他們不會像孤狼般獨來獨往，反倒不怕冒險融入人群，與他人一起同歡共樂。他們內在的力量與勇氣，源自他們能放心仰賴他人，支取他人的幫助。他們的安全基礎，早在童年期便已建立起來，也會持續在一生中不斷重建。這其實激發了他們建立各種複雜多元、自我成長與修正的能力。雖然錨定型者並非完美人格，但他們很能自在做自己，不僅勇於嘗試與探索各種未知事物與領域，也能容忍與接受生活與人際關係中的各種厄運與打擊。

與錨定型者約會

現在你至少理論上已掌握了錨定型者的傾向與特質，就讓我來向你介紹華倫與蘇這兩位主角。他們在一個夏季青少年服務營隊上認識彼此。身為五名成年輔導中的其中兩人，華倫與蘇的主要任務是負責照顧營隊的父母與孩子，這些隊員付出時間與勞力來幫助窮人建造家園。

華倫與蘇都熱愛與人一起共事合作。他們都是勤奮、很有責任感的人，也具備很強的社交與溝通能力，個性隨和善良。蘇二十多歲、身材高䠷，是個充滿吸引力的消防員候選人，來自苦幹實幹的家庭背景。華倫幾乎比蘇年長近十歲，是前海軍陸戰隊軍人，現在已回到學校當老師。

在工作營隊中，許多家長都不約而同想湊合兩位優秀的領隊，樂見他們成為最佳伴侶。某個週末時，他們趁著唯一的空檔時間，兩人約好一起來趟短途健行。

「所以，」蘇開玩笑道，「看來大家已經讓我們配對成婚了。」

華倫用力大笑，努力跟上年輕力壯、精力充沛的蘇。華倫回應道：「是啊！感覺他們都是我的爸媽。」

「我也這麼覺得。他們真是一群好人。你會不會也這麼覺得？」

「真的啊！我非常感動。喔，順道一提，我也對你印象深刻。」

「對我？」蘇有些驚訝，反問華倫，「什麼樣的深刻印象？」

「就是看你如何面對幾個特別難搞的孩子。你知道我說的是哪幾位孩子，對吧？」華倫回答的語氣，顯然比之前更氣喘吁吁了。

「喔，是，我知道。」蘇回答，「你也不差啊。我昨天看到你和那兩個男生相處。如果是我的話，我恐怕會不知所措。但你竟然能冷靜處理。我很欣賞你這一點。」

「我也不曉得，但我覺得你也很棒。我們這方面應該都處理得不錯。」華倫停下腳步，凝視蘇，「嘿，你是怎麼保持身材啊？也許我應該像你這樣，訓練自己當個消防員。」

「喔，你看起來很可愛啊！」蘇露齒而笑，禮尚往來地稱讚對方，「我喜歡有點短小精悍的男生。」

「短小精悍的意思是……」華倫猛然回擊，立刻行動證明，「你可以這麼做嗎？」他雙手放至泥路上，二話不說就做了十幾次單臂伏地挺身。

「哇！」蘇一邊鼓掌一邊驚呼。華倫站起來，笑容滿面，掩不住「輕鬆打敗」的得意神情，蘇則搖著頭，語帶保留：「我不知道欸，我只是女生。」說罷，蘇伏身在地，開始雙臂交叉替換進行伏地挺身。

「來吧來吧，女孩！把我打趴在地，看我在不在乎啊……」華倫調侃。

蘇站起來，滿臉笑意，順勢在華倫臉頰上親一下，輕聲說道：「我喜歡你。」

「我也喜歡你。」華倫回應，「我會追你追到營地去。」

蘇回頭看，喊道，「等等！你的鞋帶沒繫好啊。」

華倫低頭看鞋子，蘇則趁勢偷跑在前，先讓自己贏在起跑點。

你覺得華倫與蘇是否都屬錨定型的關係傾向？表面上看來，他們似乎都是。他們在社交互動上應對自如，相處起來也都信心滿滿。你可以從他們敞開心懷、誠實與輕鬆愉悅的關係中，一窺兩者間融洽的交流。即使在較勁的氛圍中，他們也能以趣味好玩的方式來進行。他們相互支持，從彼此欣賞、鼓舞與肯定，以及對生活的積極心態，都能瞥見他們的正向人生觀。他們絲毫不受群體熱心湊合與配對的壓力所困，而且毫不扭捏地大方坦承彼此互有好感。他們同時也沒有表現出任何對約會的急迫感或焦慮。透過他們共同的喜好與發自本性的相互吸引，我們可以充分感受到他們的關係正朝向春暖花開的未來發展。

你如何判斷約會對象是否屬於錨定型傾向？其中一個觀察線索是蒐集約會對象的早期經驗。我不是鼓勵你第一次約會就開始盤問對方的童年經驗。別忘了我們曾討論過要避免「過度福爾摩斯」的追查。但當你們在約會過程中相談甚歡而循序漸進展開尋常對話時，你可以適度對伴侶過去的生活表達好奇與興致。另一個方法，則是從約會對象的言行舉止中尋找蛛絲馬跡。

【練習11】

從過去經驗，判斷你的約會對象是否為錨定型傾向？

上述錨定型測驗中的陳述，有些內容可以讓你在約會談話中參考使用，相信有助於你進一步了解對方童年期的家庭文化。例如：

1. 主要照顧者是個什麼樣的人？
2. 主要照顧者是否提供足夠的安全感與基本的保障？
3. 主要照顧者是否隨時樂於表達真情實意的愛？
4. 主要照顧者是否和約會對象享受優質時間的獨處？
5. 主要照顧者是否把約會對象的需求，看得比自己的需求更重要？

你可以懷著高度興致來學習。其中一種方式是你同時也主動分享自己的童年經驗。這麼一來，你們都一起分享了自己的故事。這是一般人都會做的事，一點也不突兀。在看似彼此都坦誠分享的情境下，唯一不同的是你對關係傾向的差異，多了一份認知與意識。

另外，也請你多留意約會伴侶如何談論自己的童年經驗。好好發揮「福爾摩斯式」的觀察技巧，看看你能從對方的聲音、面容、眼神、身體、動作等其他顯見的言行中蒐集到什麼線索。還要注意你的約會對象是否坦率直言或處處防備。在下一章內容中，我們會深入討論為何孤島型與浪潮型者的防備心態比較重。目前，我們只需要理解，多數錨定型者會樂於對自己的過去，娓娓道來。

我還想要提醒你，真正認識一個人是需要時間的。我們在上一章提到以一年時間，當成某種程度的基準點。因此，為謹慎起見，切勿太早替你的潛在伴侶分類或下判斷。有些人可能第一眼認識時會表現出錨定型的特質，但又不太明顯，讓你捉摸不定。更何況，就算是典型錨定型者，也可能同時具備孤島型或浪潮型的特質。言下之意，為了和這麼一位伴侶成功建立好關係，你也必須深入了解與衡量另外兩種關係傾向。

［練習12］

從當下時刻，判斷你的約會對象是否為錨定型傾向？

當你對潛在伴侶的過去表達高度興趣時，不妨同時觀察對方當下和你相處時的狀況。好好發揮你的「福爾摩斯式」技巧，專注留意以下這幾方面：

1. 我的約會對像是否以適切的方式、對我表達適切程度的深情愛意？
2. 我的約會對象所說的話，是否前後連貫、侃侃而談？
3. 我的約會對象是否言行一致？
4. 我的約會對象是個好的傾聽者嗎？
5. 我的約會對象是否對我過去的經驗敏銳共情？
6. 我的約會對象是否和大部分人都處得好？
7. 我的約會對象看起來是個有自信的人嗎？
8. 我的約會對象是個有幽默感的人嗎？
9. 我的約會對象會詢問我的意見和想法嗎？
10. 我的約會對象看起來開心嗎？

如果上述問題的所有或大部分回應都是正面的答案，那幾乎可以說明你的約會對象是個錨定型傾向者。

如果你不是個錨定型者，你會覺得過程中某些方面可能讓你難以應對。比方說，如果你是孤島型，一旦你感覺約會對象的話具有威脅性，你或許就會退縮。我們會在下一章針對這些狀況再深入探討。現階段我鼓勵你繼續堅持下去。好消息是，如果你的約會對象是錨定型者，那對方其實也不會因你的反應而有所困擾。但假如你的約會對象看起來不是個錨定型者，那你至少也會藉此了解這一點。

記得，我們的目標不是要找個錨定型者來約會。你會自然被你喜歡與熟悉的人吸引而見面約會，我也不建議你反其道而行。不過，有一點要謹記在心的是，與錨定型者約會並不會給你任何「品質」保證；至多就是可以確保——你的伴侶比較傾向與你建立忠誠的關係。這樣的特質表明對方有能力提供真正的親密感、安全感與對等的相互關係。至於其他更進階的關係，就看你們兩位如何建構一段安穩與充滿愛的關係了。

如果你是錨定型，約了錨定型

我們來看看剛剛的例子。華倫從營隊返回後，和哥哥聊了一些營隊裡發生的事。哥哥一度脫口而出：「你已經好長一段時間身邊沒出現女朋友欸。老弟啊，到底怎麼啦？」

「你懂我的嘛，」華倫回答，「不急不急。」

「我只是很驚訝，怎麼沒有出現一些女生暗暗倒追你呢！」

華倫大笑。「很多朋友確實不斷在湊合和安排啊，」華倫提起了最近的一次相親約會，「那個女生很漂亮喔，但她好像沒什麼人生目標。」

「我相信你一定幫她釐清不少事……這下可好了，她倒是很清楚知道自己要追求其他約會。那你接下來要怎麼處理？」

「不再約會囉，但我們還是可以透過共同的朋友保持聯絡啊。」華倫露出詭異笑意，對哥哥說，「我會讓你知道我的下一次約會。我在這一次的青年營隊裡認識了一個叫蘇的女生。你和爸媽肯定都會喜歡她！」

身為錨定型者，你不需要尋尋覓覓另一位錨定型者來約會。且不論特定伴侶的特質如何，你自己就能提供一切幸福關係所需的內在能量與安全感。就像華倫，你善於把那些和自己屬性格格不入的對象排除淘汰。這些人就是吸引不了你，無法讓你心動。所以你很可能不知不覺、毫不費力就找到另一個錨定型特質的對象。

我刻意在這裡花些篇幅敘述華倫與蘇的第一次「非正式」約會，而非把重點放在他們的正式約會，主因就是我想表達「當錨定型約會錨定型時」的真實狀況。錨定型的安穩特質，會讓他們在發展一段關係時，自然流暢，從容正向。可以想見，當他們進入正式約會時，必然也和初次健行時那般輕鬆自在。當然，錨定型與錨定型的關係，不代表雙方必定就是如魚得水、天造地設。只是這確實意謂著他們能探索自己的潛力，並在不造成過度壓力或傷害的狀況下，達成雙方的最佳共識。

如果你是錨定型，約了孤島型

你對孤島型（或浪潮型）知之甚少，現在就讓我來做個簡單說明。一般來說，錨定型約了孤島型，其實是個容易掌控的情境。身為錨定型者，你有餘力為這段關係帶來安全感。孤島型者無意為了更深度的親密感而去承受壓力，他們寧可保持當下的舒適現狀。你不妨以原有的隨和天性，騰出一些空間給他們。

當然，你可能會嚮往與伴侶發展一種毫無保留、敞開分享的關係，這不難理解。不過，如果你準備和孤島型者建立成功的關係，那你需要為對方提供足夠的安全感，以療癒過去的創傷，再慢慢等待開花結果。你需要耐心守候。你若能從長計議，在孤島型伴侶身上預見一些令你心動的特質，我相信這些代價對你來說，不是問題。

比較令人擔心的主要挑戰，是你的伴侶是否過於嚴格堅持自己的孤島型思維與言行。如果你們在努力認識彼此的初期階段，對方既已持續退縮不前或孤立疏離，那你可能會對這段關係興致缺缺，不抱期待。如果你仍深陷這段關係所造成的創傷而走不出來，顯然已嚴重危及你們的未來；假如你們都想認真交往下去，那或許接受諮商治療會對你們有幫助。如果連治療也助益不大，那這位特別的孤島型伴侶，恐怕不是你的理想伴侶。

如果你是錨定型，約了浪潮型

身為錨定型者，與浪潮型約會也會面對類似的問題。容我再次強調，能為這段關係帶來安全感的人，是你自己，起碼一開始是這樣。你不能指望浪潮型的潛在伴侶為你帶來安全感。浪潮型對親密感有兩種不同的思維模式，那是他們的自然特質與傾向；所以你得知己知彼，小心別讓自己不自覺深陷這種矛盾心態。

比方說，如果你的約會對象過度擔心你是否想要同時和其他人約會，請你採取「既不縱容也不責備」對方的回應原則。反之，你要勇於和對方單刀直入，兩人攤開來聊聊你們對這段關係的現實觀感與未來。如果對方動輒怒氣沖沖，那就讓對方知道你毫不畏懼任何情緒反擊，你很善於處理這些激烈的情緒，也懂得劃清界線。這些孤島型與浪潮型的其他動態特質，會在後續內容中詳述，等你繼續往下細讀便會更清晰瞭然。

關鍵提醒

過去幾年，我收到許多看過《大腦依戀障礙》的讀者來信，提及他們與浪潮型或孤島型伴侶的相處，苦不堪言的生活。顯然這些關係遠不如他們所想的安穩自在。他們對伴侶怨聲載道。這些投訴者不約而同都把自己歸類為錨定型者。不過，從信件的內容敘述，其實也讓他們真實的關係傾向與特質昭然若揭。根本不需要把福爾摩斯的技巧派上用場，我就能輕易找出破綻——他們其實不完全是自己以為的錨定型者。

所以，我想確保你能先理解這三件事。首先，並非所有錨定型者都會自動釐清自己的屬性。其次，無論你是孤島型或浪潮型，無論你約會的對象是孤島型或浪潮型，都不是問題。第三，這些不同的關係型態與分類並非絕對。例如，身為錨定型或孤島型或浪潮型，並不像牡羊座、金牛座或雙子座——保有與生俱來的某些特質，或一輩子都維持某種性格。身為錨定型者（或孤島型或浪潮型），其實是處於更流動的狀態。

事實上，如果你無法從自己身上找到任何孤島型或浪潮型的特質，那我得直說，你很可能在約會上會面臨一些問題。為什麼呢？因為這意謂著你還釐不清自己在一段關係中的反應模式。還有另一個可能性是，也許你對自己的關係傾向了然於心，只不過你刻意選擇保有封閉式孤島型或封閉式浪潮型特質，以此作為掩護，免得你的潛在伴侶棄你而去。我們的重點從來不是要釐清你或你的伴侶是否屬於錨定型、孤島型或浪潮型者，而是要幫助你理解——何為安全平等的友善關係。認識彼此不同的關係傾向與類型，最關鍵的重點，就是要引導你釐清後整裝待發，走向安全平等的美好關係（符合本書「前言」中對品格的概述），而且知道如何慎選和你有此共識的對象，同心同行。

接下來的兩章內容中，我們將仔細探討兩種「迴避型依附關係」的代表類型——具體來說，就是難以融入一段親近的關係。這兩種關係傾向——孤島型與浪潮型——從某些方面看來有時是反其道而行，讓你難以辨識，但你若細心觀察，還是會發現他們的言行舉止，確實非常符合島嶼與浪潮特質。此刻，當我們準備離開錨定時，請謹記這些類型所代表的特質：同心協力、真實的相互倚靠、顧念彼此的需要、平等、公正與敏感。無論你目前的主導風格為何，如果你和伴侶一起努力把這些正向特質落實於你們的新關係中，那你的約會過程一定會無往不利。

第七章

孤島型：我可以自己來

在我們詳細介紹孤島型的相關特質之前，你或許會對各種類型的特質感到好奇，到底各自的程度之別，有多普遍或多罕見。比方說，可能大部分人其實是錨定型，但因誤以為自己是島嶼而被視為局外人，或讓你的約會規劃困難重重。其實不然。研究專家數十年來持續在研究這些關係傾向，整體來說，他們發現約略超過一半（百分之五十至六十）的成年人口自認是錨定型，大約百分之二十五至三十自認為孤島型，另外百分之十至二十則自認是浪潮型。請注意我在這裡使用的詞彙——「自認」。換句話說，這些報告本身是建基於受訪者對依附關係與關係傾向的自我認定，因此，這樣的研究結果其實不夠客觀與可靠。儘管如此，我們還是可以從中一窺當前普遍的現狀，同時也釐清，所有類型其實都比比皆是，沒什麼少見稀有的。

成年人如此，兒童亦然。丹佛大學的辛蒂・哈珊（Cindy Hazan）與飛利浦・薛佛（Phillip Shaver）在一九八七年發表與兒童相關的情況時，大致也如此。普林斯頓大學的蘇菲・穆蘭（Sophie Moullin）與研究團隊在二〇一四年時，從一萬四千名美國兒童對依附關係的數據進行研究後的報告指出，百分之六十的兒童與主要照顧者有深刻的情感聯繫。由此可見，縱使你的關係傾向會隨著時間推移而改變，但總的來說，兒童與成人的總體百分比是相當一致的。

一如我在上一章所言，我自認是錨定型。但我過去也曾有些島嶼傾向，回想起來其實都有跡可循。當我還是個初出茅廬的年輕音樂工作者時，我的家庭非常以我為榮，甚至過了頭。我一方面為自己的天賦異稟而志得意滿，但另一方面，除了音樂，我自知在其他方面幾乎一事無成，洩氣又挫折。這樣的家庭互動似乎讓我退縮成一座島嶼。身為家中三個孩子的老么，我其實生性就比較內向、安全感不足、有些笨拙、不夠成熟、畏首畏腦、扭捏害羞，面對現實世界的人際關係，常感招架不住。在外人眼中，我是個笑口常開的「好男孩」，在家人與朋友面前言行得體，鮮少讓人失望。但，我到底是誰？為什麼我覺得自己如此疏離、閃躲、恐懼又孤單？我花了好幾年時間與治療師、朋友、心靈導師與伴侶，建立各種修復關係，然後才漸漸更了解自己，最終和我的人生伴侶一同找到幸福，心有所依。我並不是說，所有的孤島型都需要透過治療才能開始發展一段關係——也不是說，錨定型就永遠不需要——我只希望這本書能彌補我當時缺乏的資源，幫助你在展開約會過程中，少受不必要的遺憾與傷痛。

這一章，我們首先要來探討，是什麼因素讓一個人成為島嶼？包括童年經歷、對約會的態度與成年人處理浪漫關係的一般觀感。你會有機會好好檢視與判斷自己是否具有孤島型特質。我們也會參考一些具體案例，看看孤島型在約會情境中如何應對與進退。我會介紹一些可以讓你在約會中發光發熱的孤島型特質，讓你善用這些優勢。另外，我也會幫助你學會辨識潛在伴侶是否具備島嶼特質。一旦你對孤島型的關係傾向與表現瞭若指掌後，你就能把之前學會的生物心理學技巧派上用場，借力使力，引導島嶼特質的美好，而不是讓你的未來關係被破壞殆盡。

你是孤島型嗎？

一如錨定型的情境，我們可以透過童年期開始——最早的關係品質，來省思與確定你的孤島型特質。我需要再強調，當你回應下列孤島型的陳述時，請盡可能回到過去的情境，如實反思與回答。

［練習13］

孤島型測試

請跟著上一章的錨定型測試那樣，回答下列十題陳述。記得，在標示「正確」之前，你至少要能明確想起某個相關的事件與記憶，來確保你的回答屬實。

當我還是個孩子時（十三歲前）

1. ……至少其中一位主要照顧者比較重視我的表現、智力、才能、與／或外表的重要性。

正確＝1　錯誤＝2

2. ……至少其中一位主要照顧者不鼓勵我表達依賴與需求。
正確＝1　錯誤＝2

3. ……至少其中一位主要照顧者傾向對我冷漠、貶抑我、輕視我。
正確＝1　錯誤＝2

4. ……當我感覺煩躁不安時，至少其中一位主要照顧者經常以錢或其他物質來取代對我的關注或情感陪伴。
正確＝1　錯誤＝2

5. ……至少其中一位主要照顧者常對我漠不關心、缺席或無暇照顧我。
正確＝1　錯誤＝2

6. ……至少其中一位主要照顧者經常對我說教，看重自己的需求更甚於我們的關係，或在我提出不同意見或相反立場時，表達不耐煩。
正確＝1　錯誤＝2

7.……當我在夜間感到害怕時，至少其中一位主要照顧者對我的恐懼無動於衷，厭煩不耐或無法提供任何幫助。

正確＝1　錯誤＝2

8.……當我經歷痛苦或挫折時，至少其中一位主要照顧者會忽視我、批評或冷落我。

正確＝1　錯誤＝2

9.……至少其中一位主要照顧者不是很想理解我。

正確＝1　錯誤＝2

10.……我常看見我的主要照顧者重視與關注家人以外的他者，更甚於自家人。

正確＝1　錯誤＝2

現在，請把上述十題答案分數加總起來，每一個「正確」計一分，「錯誤」計兩分；看看你的總分是多少。

你在這項孤島型測試中能得到的最高分是20分，而最低分是10分。如果你的分數介於10到12之間，那你很可能是孤島型，或至少傾向孤島型特質。

或許你很難想起具體的負面記憶，包括照顧者的缺席或對你忽視冷落的記憶。選擇性遺忘或淡化這些負面經歷，尤其面對的是發生在我們最初期的人生階段，這些都是可以理解的人之常情。也因此，當你在閱讀本書時，我建議你給自己足夠的時間，留意是否有任何記憶隨之浮現心頭，然後再重新進行有關孤島型特質的測試。

孤島型孩子

一般來說，在孤島型或傾向孤島型家庭文化中成長的孩子，他們從主要照顧者身上獲得極少面對面、互相對視、肌膚相親的機會，他們獲得的關注遠不如錨定型家庭的孩子。孤島型照顧者比錨定型照顧者在親密感的表現上疏離得多，他們與孩子互動時，大多是片斷而零碎的，很少給予持續性而專注的時間。孤島型的家庭往往把外表與外在表現看得比真實關係更重要。孤島型的孩子感受不到照顧者的重視與堅定的支持。反之，他們常覺得自己有責任要滿足他人的期待。

孤島型照顧者通常比較投入與專注自己的生活，較少經營與孩子之間的關係。孤島型的孩子可能表現得過於脆弱、羞愧感強、容易成為攻擊目標或被羞辱。他們可能會過度在乎別人的評價，因此也太渴望獲得他人認可。孤島型照顧者對情感表達比較壓抑，無論是普遍的情緒或特別針對歡喜、悲傷、抑鬱或羞愧的表態。這些照顧者可能只想認可正面的感覺，因而傾向忽略或貶抑負面的情感。一旦出現衝突，他們的反應是逃離、退縮、回避、順從或被逼到退無可退時，則直接反擊。由於這些傾向與特質的組合，使孤島型照顧者可能出現冷漠與疏離的態度。

孤島型孩子一般很快便能適應各種家庭文化。他們的情感表達不形於色，不輕易顯露身體上的親密感，對於人與人之間的合作或對外表達需求這方面，傾向被動與消極。他們恪守孤島型對獨立自主的要求，因此，他們善於隱藏個人需求或依賴的性格，孤島型向來對此很不以為然。他們傾向不打擾，更愛獨樂樂，所以，孤島型總令人感覺充滿彈性，適應力很強。但我們經常發現孤島型孩子的內心深處，其實是不堪一擊的，這個脆弱的自我使他們不曉得如何應對壓力重重的內在思緒、感受與經歷。從依附關係的安全感來看，孤島型孩子過於沉浸在自己的世界中，不可自拔，這樣的限制使他們很難與他人建立深度的關係。

孤島型成人

孤島型也和其他傾向一樣，渴望找到一段相處起來幸福快樂的浪漫關係。只不過，他們或許不確定自己是否能如願以償。一想到約會，他們可能就開始擔心會不會重新經歷童年或前一段關係的各種危機和負面體驗。在我們探討如何克服這些擔憂之前，讓我們先來看看孤島型特質有哪些優勢。

孤島型比較注重細節、邏輯推理與理性思維。對他們來說，表現，是很重要的一環。他們對任務與目標達成的高度專注，使他們很可能具備卓越的工作能力。他們做起自己擅長的事，總是游刃有餘，很容易就成為出色的頂尖高手。他們很在意他人對自己的評價，因此往往也是政治家、外交大使、商人、律師、科學家與工程師的理想人選。由於孤島型重視外表與顏值，所以，保持整潔好體態與隨時有備而來，是他們必會顧慮的重點，這也使他們能在專業人士、商人與表演者的職責上，勝任有餘。除此之外，由於他們樂於輸入大量資源到內在的沉澱與思考中，孤島型成為偉大的思想家與飽學之士者，比比皆是。

孤島型喜歡隨遇而安，而非興風作浪（沒有雙關意思）。他們特別討厭花時間與人攪和衝突，所以為了息事寧人，他們會願意妥協與談判。孤島型總喜歡自覺是個好養又隨和的人。我記得曾在第五章中提過，沒有所謂「好養隨和」的伴侶。但綜觀三種類型，孤島型確實是最接近「好養隨和」的特質。他們竭力追求簡單瀟脫，不拖泥帶水。他們對獨立自主極為重視，也對自己具備解決問題的能力而自豪。他們盡可能避免顯露任何急需救助的一面，以免成為伴侶的負擔。他們是貨真價實的「自主型人格」——當他們習慣把所有事攬在自己身上時，有時反倒給自己帶來麻煩。

我認識的很多孤島型都能對自己和過去的童年有些觀察與感受，但能記起來的真實記憶，卻又寥寥無幾，甚至難以支持他們的觀感。他們傾向把童年經歷看得過於正面，同時忽略任何比較負面的建議。這一點和孤島型特質中逃避衝突、否認前行的方向模糊與矛盾等歷史經驗不謀而合。電視劇《廣告狂人》（*Mad Men*）的靈魂人物唐・德雷柏（Don Draper）、書籍與電影《亂世佳人》的女主角郝思嘉，都是孤島型的典型角色。痛苦的過去，很容易被他們轉化為可期待的美好未來。

孤島型樂於獨處，且絲毫不覺孤單或被棄絕。如果孤島型的伴侶要和友人外出，他們不但樂見其成，而且還會開開心心單獨去看場電影。事實上，孤島型者很可能太享受自己的獨樂樂活動，投入到甚至忘了要和伴侶保持聯繫。孤島型從最早的童年時期便已在一種要求獨立的文化氛圍中成長，因此，相對於錨定型或浪潮型的人來說，親密關係對孤島型是更具壓力的。親密關係中太多糾纏不清又難以解釋的元素，在孤島型看來，都是動輒得咎的雷區，於是，當他們一旦和愛人道別時，第一個感覺不是悵然若失，而是如釋重負。從童年小島嶼開始，他們早已練就自我安撫、自找樂子的一身能耐，從不需借助外援。這樣的特質也許會造成一些問題，尤其在他們壓力倍增的狀況下。他們不求外力的自助自救，是近乎本能與主動的習性，但很可能會讓一心想協助或渴望參與的另一半大失所望。另外，要從獨來獨往的行動轉到團隊互動的模式，對島嶼者是個有難度的挑戰，反之則讓他們可以輕鬆應對。

我把孤島型歸類到我稱之為「疏離群」的範疇。我的意思是，他們在壓力下的反應通常會選擇與他人保持距離。比方說，當他們不需要去考慮親密關係的伴侶可能正在面對什麼樣的經歷時，他們會覺得更容易調節自己的神經系統。因此，他們由始至終的座右銘就是：「我可以自己來！」所以，你也要小心，不要在約會中逾越孤島型伴侶的界線。孤島型者面對伴侶所施加的束縛與失去自主方面，特別敏感。他們長久以來的孤立性格讓他們比較不容易信任伴侶，也可能使他們顯得自私自利或自我中心。孤島型也不會吸引那些依賴感強或比較不獨立的人，另一方面，當然也因為依賴行為是孤島型避之唯恐不及的顯著威脅。

不過，孤島型人格其實也沒有大家想像中那麼無比獨立。出乎意料的是，雖然他們對依賴感排斥，但孤島型偏偏又是三種關係傾向中最需要倚靠的類型。這個令人玩味的反差，經常讓孤島型或他們的伴侶百思不解。事實上，他們的獨立意識是源於原生家庭對自主獨立的要求與壓力，孤島型很可能在成長過程中，不自覺把漠視冷落與獨立自主混淆了。他們並未意識到，這其實是被棄絕的感覺。譬如，如果你的父母在你小時候總是堅持讓你自己上床睡覺，你或許會把這些要求視為成熟的特徵，渾然不覺這是錯失了親密感的機會。而今，進入成年的人際關係中，你很可能也會以負面回應來拒絕「期待分享睡前儀式」的伴侶。遺憾的是，面對「棄絕感」或「依賴問題」依舊一無所知的孤島型者，一般來說，還是無法自行找到解決的出路。他們急需他人協助與引導，而最稱職的人選是他們身邊的愛人——他們能超越那些束縛島嶼的自我否定與羞恥感，完全理解他們深藏內心的渴望。

我可以說得更直白嗎？如果你是孤島型，你很可能對於和某人發展長期穩定的親密關係心存恐懼，但你的脫困之道，其實就從你如何擺脫獨善其身的外在生活開始，而且很可能源自一段安全平等、分享互助的關係；而在這樣的關係中，你那最深的恐懼，終將不會發生。不過，為了如願以償，你或許就得騰出空間，容許他人成為你的英雄。

與孤島型者約會

我想介紹你認識一對二十幾歲的伴侶。當你解讀他們之間的約會時，試著猜一猜，看你能不能辨識他們當中哪位是孤島型（或兩位都是？），並說出你分析的理由。

珍妮弗在朋友的派對中認識布萊德利。當珍妮弗發現對方想約她見面時，她期待又興奮。布萊德利帥氣又聰明，為什麼會對珍妮弗情有獨鍾？珍妮弗百思不解，直到後來一位女性朋友提點她，並幫她安排了一些事，她才意會過來。

他們的第一次約會是在當地的一家酒吧。布萊德利和上一次在派對中一樣，穿著得體——其實是有點過於盛裝打扮。一輪餐前飲之後，珍妮弗注意到布萊德利對自己和他發明的太陽能系統，自顧自地說個不停，滔滔不絕，而且對珍妮弗一點也不好奇。除此之外，珍妮弗也發現每當她稍微趨近對方時，布萊德利總是往後退縮。珍妮弗覺得眼前這位男生很有魅力，但也擔心對方的某些言行舉止如果持續不變，恐怕就太掃興了。

在一段對話中的停頓之間，珍妮弗覺得她需要發聲表態，於是當場直問：「是不是有什麼問題呢？」

「抱歉，你的意思是？」布萊德利滿頭霧水，不知所云。

「有什麼問題嗎？」珍妮弗重新發問與補充說明：「你看起來心事重重，怎麼了嗎？」她小心婉轉，避免直言心中真實的困惑——「你怎麼可以如此無禮？」

布萊德利有點心慌意亂，他回答：「喔，我其實是想說，我們什麼時候可以點餐啊。」

珍妮弗感覺她的身體都緊繃了；一種混合了尷尬與困惑等錯綜複雜的情緒，湧上心頭。她會不會把對方的飢腸轆轆誤解成心不在焉？珍妮弗心想：「我看起來一定很生氣。」為了打破僵局與沉默，她說：「那麼，請告訴我更多關於你自己的事吧。」

「喔不，我想聽聽你的故事。」布萊德利回應。

他現在看來和剛才有些不一樣。少了一開始的雀躍。珍妮弗暗暗擔心，會不會是自己的回應讓他興致缺缺？她回答「好啊。」然後便開始敘述自己在醫生辦公室擔任接待員的工作。過一會兒，布萊德利的目光飄向隔壁桌的一對情侶。珍妮弗忽然怒火中燒，忍不住脫口而出：「抱歉打岔一下喔……我讓你覺得很無聊嗎？」她緊繃著下巴，漲紅了臉。心中不禁自我解嘲，對呀，她怎麼會天真以為這位企業家會對一個小職員的工作感興趣呢？

「我在聽啊。」布萊德利回應。當他雙目直視珍妮弗時，雙肩不自覺聳高，「你是不是需要我時時刻刻都對你全神貫注？」

「呃，當然不是，」珍妮弗語氣無奈否認，低頭瞥了一眼飲料單。過一會兒她又抬起頭，說道：「當你在說話的時候，我都看著你，不是嗎？你才會知道我對你說的內容感興趣啊。」

「只有其中一個內容吧？」他的回答夾帶不以為然的鼻息哼聲。

「其中『什麼』內容啊？」

「沒什麼啦！」他緩和下來，繼續說道，「沒事沒事，我的錯。你繼續說吧！」這下輪到布萊德利低頭看菜單。

服務生終於來到他們的餐桌。「喔，天啊！」珍妮弗心想，「還沒點餐我就已經跟這個男生沒戲唱了。」

問題出在哪裡？

我曾在第二章問過你：米羅和凱希的約會，出了什麼問題？我們也從大腦與神經系統的角度，深入探討他們之間的互動。我現在如果也以相同的問題來問你：布萊德利與珍妮弗的問題出在哪裡？讓我們從關係模式的角度來考量。

布萊德利的言行有些孤島型傾向，而這些行為把他對珍妮弗之間的約會期待與想望都破壞殆盡。他容易分心與表現疏離，而且對批評很敏感。從他的角度來看，珍妮弗顯然在攻擊他。雖然他很想給對方留下美好印象，但他總覺得自己似乎怎麼做都不對，就是無法以珍妮弗喜歡的方式回應她。於是，他想藉由環顧四周來爭取喘口氣的空間，舒緩一下他認識新女友的緊張壓力。但事與願違，新女友似乎不容許他無意識的稍稍放空。儘管布萊德利的目標只是想要調節雙方張力，可他卻感覺對方咄咄逼人，把自己逼到窘境。珍妮弗暗示男生，不妨跨越自覺舒適的安全距離，更快速往前靠近她。頃刻間急湧而來的壓力，逼得布萊德利猛地反擊。這是他近乎本能的自我防護機制——警告對方「勿近！」不過，他一連串的反應其實也讓自己不自在，因為那原非他的本意。他多想讓對方留下好印象，而非讓她反感。布萊德利身陷兩難之間：他既要保有足夠的安全距離，卻又渴望與對方更親近。於是，他竭盡所能恢復輕鬆的姿態，希望能藉此平息這場一觸即發的矛盾。不過，對珍妮弗來說，似乎為時已晚。

珍妮弗對布萊德利的冷酷淡漠很不滿，甚至被激怒了。他心不在焉的疏離行為，讓她備感焦慮，也讓她覺得布萊德利粗暴、對她漠不關心，不理解她被拒絕的受傷，她甚至覺得對方充滿敵意。我們從珍妮弗如何有備而來，與布萊德利直球對決，便可看出珍妮弗應該不是孤島型傾向者。除此之外，這裡還有一個更關鍵的重點——珍妮弗沒有意識或理解對方的孤島型本性。因此，珍妮弗不得其門而入，不但無法緩解雙方矛盾，反而讓張力十足的狀況變本加厲。

當你閱讀這些約會場景時，依據你個人的傾向，你可能會討厭其中一位主角，或覺得男女主角都可惡；也許你非常認同其中一位主角或對兩位主角都感同身受。事實上，這裡沒有對錯之別，也沒啥大是大非的答案。但我想我們都一致認定，布萊德利與珍妮弗很有可能都飽受威脅感——女生覺得被拒絕、不受尊重，男生則覺得被攻擊、被批評。如果追根究柢來探討，布萊德利在關係上的孤島型傾向給他倆的初次約會製造不少麻煩，遺憾的是，珍妮弗不善於接住島嶼者丟來的回應，也不曉得要從善如流去面對島嶼者的反應；這下，原已尷尬的場面，更棘手了。

約會重來：孤島型的選擇

假設你是孤島型傾向。如果你置身布萊德利的立場，設身處地想想，你會如何面對這場緊張的約會（當然，珍妮弗也有可修正與調整之處，讓我們先從孤島型角度來處理這件事吧）？

首先，你可以用更休閒的穿著打扮風格赴約。因為你大概不希望珍妮弗自覺穿得太隨便而不自在，對吧？你其實可以在約會前先問問她，那家酒吧的客人一般穿著打扮如何，這個看似微不足道又簡單的小動作，可以讓對方感受到你對這段關係的重視。

當珍妮弗問你「有什麼問題」時，這正是你自我介紹的絕佳引言。當然，我不是要你掏心掏肺、和盤托出所有人生故事。你還是可以藉此打開話題，輕鬆聊聊自己，然後，見好就收。譬如，你可以說：「哎呀，我會不會說太多了，竟然沒機會讓你插個話。我只要一緊張就會說個沒完沒了，抱歉抱歉！」

說到這裡，正好開啟有關「緊張」的話題。珍妮弗可能會自然說起相關的事。讓我們假設珍妮弗此時接話回應：「哦，我才要道歉。我沒意識到我讓你緊張了！」

在這情況下，你可以這麼說：「喔不，不是你的問題。我其實是個比較安靜的人，有時候我會用沉默來藏拙。尤其當我面對喜歡的人，坦白說，我喜歡你。我真的很想多了解你。」這番說詞，不僅對珍妮弗真心告白，也給對方一個分享「自己是否緊張」的機會。無論哪種後果，這都是個雙贏局面。

啟動攸關緊張的討論，很可能在對話之間，順勢阻止了珍妮弗惱怒質問「我讓你覺得很無聊嗎」這類尷尬話題，因為她已然理解你之所以環顧周遭的其他人，其實只是緊張，而非心不在焉。不過，假設珍妮弗還是脫口而出怒問了那句話，你還是可以從容地借力使力，把握機會說更多自己的故事，而非一觸即發，變得防衛十足。你可以這麼說：「抱歉，讓你覺得我好像心不在焉。其實我一直很專注聽你說話。我有時沒有意識到自己走神了。我知道這看起來太無禮了。我其實不是去注意其他人。因為我只要環顧一下四周，就會讓我回過神來，反而可以更專注來面對你。不過，無論如何，我以後會儘量不這麼做。」

如此敞開的自我揭露，容易紓解緊張的氛圍，重新拉近珍妮弗與布萊德利的距離。雙方都無須為了分心走神的問題而責備與防衛，約會起來也更能相談甚歡，成果可期。

我這是建議你把握當下時機明確表態你的孤島型特質嗎？是的，如果你覺得眼前的約會對象心胸開闊，而且對此深感興趣，那我鼓勵你可以適度自我揭露，表明心跡。也許你暫時比較想避重就輕、適可而止，這也很好。如果你們還要繼續約會見面，未來也會有充裕的時間慢慢探索各自的相處模式。

約會重來：伴侶的選擇

現在我們來考量一下珍妮弗的立場。如果她赫然意識到自己面對的約會對象可能是個孤島型男人，那麼，她可以如何調整自己的反應？留意她的回應對布萊德利造成哪些衝擊。

當她看到布萊德利盛裝打扮時，她立刻稱讚對方：「哇！你看起來好帥。」

「謝謝喔！怎麼了嗎？」他回覆。

「我記得你上次參加派對的時候，看起來也很棒。你常常都穿得這麼好看嗎？」

「我喜歡穿著得體。」他輕輕一笑，回應她。

珍妮弗暗自思忖，布萊德利看來對外表很重視，這會不會是孤島型的完美主義傾向？她知道雖然人人都愛被稱讚，但孤島型者需要更多肯定來激發他們的安全感。珍妮弗已經讓布萊德利享有安全感了，她權衡了一下，如果進一步探詢對方的偏好，應該沒什麼問題。於是她趁勝追擊，問道：「你偶爾也會穿得休閒嗎？」

「當然啊！」他解釋，「如果只是普通、不重要的事，我會穿得比較隨便。」他靦腆微笑，覺得自己似乎透露了個人隱私。「你可能會嚇一跳，我其實是可以很邋遢的。」

珍妮弗聽了這番回應，滿面笑意說：「那太好了。我們可以一起邋遢了。」她開玩笑道：「我可以都天天穿牛仔褲啊。」

雙方的無所不談與契合，讓布萊德利自然想要靠近珍妮弗。「其實，我的工作屬性要求我的外表打扮看起來要很專業。我不記得是不是曾經跟你提過，我目前正在進行一些和能源相關的大計畫。」

當他開始侃侃談起自己的工作時，珍妮弗注意到他一說起自己的事，就不自覺停不下來。某個短暫停頓的剎那，珍妮弗立即伺機打岔。但在開啟新的轉折點之前，她再次小心顧及他的安全感是否被侵犯。「你的工作聽起來很棒欸！我好喜歡聽你說這些事。嗯，那你想認識我哪方面的故事？」

「喔，對啊！抱歉。我也想多了解你的背景。你從事什麼工作呢？」

珍妮弗開始聊起她在醫生辦公室的工作，以及她近日動念想返校選修護理方面的課程。她發現每一次當她往前傾身時，布萊德利都會下意識後退。但她不覺有何不妥，反而暗自提醒自己——沒錯，這就是典型島嶼者特質的表現。

珍妮弗決定來個小測試。她將身體往後靠在椅子上，繼續聊。她雙眼凝視對方，臉上掛著親切笑容。不一會兒，她注意到布萊德利開始往前傾身，靠近她。即便如此，珍妮弗依舊維持原來後坐的姿勢。她開心發現，只要布萊德利不覺自己的空間被逼近，他便會輕鬆保持親近，而非保持距離。

當珍妮弗瞥見布萊德利的目光轉向鄰桌時，她心生怒氣。不過，她也理解這是島嶼者的典型疏離策略，於是，她決定不正面批評，而是以正面心態來處理這件事。她指著另一桌，順勢問道：「你覺得那些人是怎麼回事？」

布萊德利冷不防把目光收回，轉向珍妮弗，頓時有些尷尬，顯然她發現布萊德利正盯著鄰桌陌生人看。但珍妮弗始終對他寬容微笑。這讓布萊德利突感幾分輕鬆自在。「我猜他們和我們一樣吧，第一次約會。」布萊德利以玩笑口吻，促狹說道。

「你覺得他們是不是也玩得很開心？」

布萊德利覺得珍妮弗完全讀懂他的心。布萊德利從小在一個批評苛責與被誤解的家庭中成長，面對珍妮弗的了解與回應，這對他來說，是個全新的體驗。「你也對觀察別人感興趣嗎？」他問。

「人很奇妙，不是嗎？」她坦承，「我很容易就被吸引而不可自拔。」

「抱歉欸，我剛剛有點不禮貌。」布萊德利覺得不好意思並解釋，「不過我其實沒有分心，你剛剛說的我都聽到。但我知道我偶爾會有些不專注。」

「嗯，我在想要如何打擾你的分心？」她露齒而笑。

布萊德利被她這麼一說，頓時笑不可抑。「你可以幫我叫服務生，就從這一點開始。欸，我好餓啊！」

「我也超餓！」珍妮弗說，「其實我也很容易分心。如果我在你面前也走神的話，拜託要告訴我。」

我相信你會同意這個調整過的約會版本，成功機率大幅提升。珍妮弗完全無意以任何方式改變布萊德利的孤島型本性。在這段最初期的關係中，珍妮弗也覺得沒有必要明確提及雙方不同的互動方式。當然，這些差異都是這對伴侶日後可能需要面對與討論的事。但現階段，只要其中一位伴侶意識到這些孤島型特質與行為，便已足夠；因為理解，就不致被激怒，反倒能以四兩撥千斥的緩和方式來回應，同時，還能始終表達接納、尊重、開放與理解的心態。

［練習14］

從過去經驗，判斷你的約會對象是否為孤島型傾向？

如何判斷你的約會對象是否為孤島型？當你們持續進行約會時，試著從尋常的談話過程中，表達你對約會對象的下列生活經歷深感興趣。我從「島嶼測試」的陳述中擷取一些題目過來，你可以修飾一下詞句，用在你們之間的對話中。例如：

- 探詢約會對象童年時的家庭文化。
- 你的約會對象對童年時期的記憶，是否模糊不清？
- 對方的主要照顧者是否重視孩子的外在表現與外貌顏值？
- 至少其中一位主要照顧者對孩子漠不關心或疏離冷落？
- 至少其中一位主要照顧者壓抑孩子的依賴與需求？
- 對方成長初期最重要的關係，是缺乏安全感的嗎？

和錨定型對象的談話相比，你的約會對象若是孤島型，那上述這些問題，很可能比較窒礙難行。對方或許本質上屬內省人格，但身為島嶼者，對方在回顧自己的過去時可能有些敏感或寡言少語、含糊其辭，也可能他們確實覺得記憶遙遠、模糊不清。正如我在上一章所建議，如果你也能同時分享自己的童年往事，或許可以讓你們之間的對話更順暢自然。別忘了要善用你的神探福爾摩斯技巧，細心審視約會對象的聲音、臉部表情、眼睛、身體與動作背後，傳達了什麼值得探究的線索。

重點：不要去催促或刺激孤島型的對象，會適得其反。最理想的方法，是讓對方有足夠的空間可以選擇何時開口、如何談論自己的交往模式。

〔練習15〕

從當下時刻，判斷你的約會對象是否為孤島型傾向？

當你對潛在伴侶的過去展現高度與趣時，既然對方正在你身邊，你可以在聆聽對方分享時，多多留意與觀察。好好發揮你的神探推理能力，請專注下列提問。如果所有或大部分答案皆為「是」，那你的約會對象極可能就是孤島型人格。

1. 我的約會對象是否在我主動表達愛意時，有所保留、猶豫不決？
2. 我的約會對象是否在聊起自己的個人事蹟時，有所保留、欲言又止？
3. 我的約會對象看起來是否害羞？
4. 我的約會對象是否喜歡獨立作業而且從未感覺孤單？
5. 我的約會對象是否善於照顧自己？
6. 我的約會對象是否經常優先考慮自己的需求，而非我的需求？
7. 我的約會對象是否容易感覺憂心忡忡或焦慮不安？
8. 我的約會對象是否經常逃避衝突？

9. 我的約會對象是否經常表達正面感受、否認負面情緒？

10. 我的約會對象是否隨和親近、容易相處、喜歡凡事自己來？

如果你是孤島型，約了孤島型

兩個島嶼者可以隨心所欲創造一個世界，在這世界中，他們可以開心享有足夠寬敞的空間，既能各擁一片天，又可隨心所欲親近取暖，無拘無束，愜意自在。當然，這樣的屬性對錨定型來說，是遠遠不夠的，但對於孤島型的伴侶，這是最令人滿意的交往模式。

當兩個孤島型者約會時，需要留意一種隱憂——雙方偏向保持的距離，往往過於疏離或似有若無到令人費解的地步，最終，搞得交往中的兩人都不積極主動，仿若雙方都無意建構長久深刻的關係。於是，他們的關係似乎處於原地踏步中，毫無進展。一般來說，兩個島嶼者在一起時，總有一方比另一方還要「更島嶼」。發生這種狀況時，「輕度島嶼」的一方會期待自己的伴侶傾注多一點關注、照顧與愛慕。這樣的期待可能引起一種錯覺——「輕度島嶼」似乎顯得比另一方更依賴、更脆弱——一旦出現這樣的狀況，很可能會在初期的關係中，埋下張力，使雙方倍覺挫折而心灰意冷。

「共生性妄想症」是心理學術語，意指偏執的兩人活在與世隔離的封閉空間裡。這兩人與全世界隔絕，只為彼此保留相互依存的空間。他們只為對方自成一座島嶼。他們形影不離，週末不出門，一起過假日，也謝絕訪客。他們創造彼此歸屬的兩人實境，最終甚至共享一種精神疾病。當然，我不是說這是所有孤島型伴侶的最終結局，但發生這種狀況的可能性，其實遠比你想像的要多。

因此，當你和另一個孤島型者約會時，請好好檢視審查，這一點尤其重要。無論眼前這位新對象看起來多麼完美無瑕，千萬別把自己孤立起來。把自己和家人朋友隔絕起來，非常不智，也沒必要。另外，還要請你用力抗拒這樣的念頭：「反正，我的家人和朋友都不會贊成，所以我們就只有彼此了，我們只能緊密相連了。」這是個壞主意！萬萬不可。你需要把你的社交圈帶進來，幫助你從旁檢視，客觀評估，看看這個島嶼者是否可成為你的好伴侶。

如果你是孤島型，約了錨定型

一般來說，孤島型伴侶會覺得錨定型是約會的理想對象。身為島嶼者，你不希望因對方渴望更親近的關係而承受額外的壓力，你有自己一套既定的空間需求。而錨定型伴侶會給你這些空間。即使你看來有些疏離冷漠，錨定型有自給自足的安全感，也從不去擔心你是否喜歡他們。錨定型對伴侶之間同心協力與相互扶持的作法，是自然而然的順勢而為，你也會隨著關係進展自然被牽引，而自然越親近，即使在約會初期也是水到渠成。當你一開始和錨定型伴侶約會時，你可能會有點緊張，但奇妙的是，無論你缺乏的安全感有多少，最終都因被深愛與保護所包圍，一切忐忑不安也跟著消失殆盡。

如果你是孤島型，約了浪潮型

我們可以用硬幣的兩面來理解孤島型與浪潮型的差異。這樣的思維有助於你繼續下一章內容時更明白其中分野。不過，現階段我們只要認清一點——這兩種類型都渴望愛，只不過他們對關係的主動性與回應比較缺乏「雙向與互相」或「共識與承諾」的思維與行動。

身為「孤島型」，你堅持「沒關係我自己來」的原則，恰好與浪潮型「沒有你我做不來」的立場，形成鮮明對比。基於核心原則的反差，如果你的約會對象是浪潮型，你將面臨一些嚴苛挑戰。你對獨來獨往的高度需求，與約會對象對全心廝守的高度期待之間，自然會迸發衝擊與矛盾。你對關係的承諾，是且行且近而順其自然，但浪潮型伴侶則劍及履及而具體確認，這樣的天差地別，也難免造成關係的張力。假如你抗拒對方渴望更親近的強烈欲求，你將詫異驚覺：對方很可能會開始出現一些比你「更島嶼」的言行舉止；只不過，浪潮型者所表現的「島嶼行為」和你不太一樣，所以，很可能讓你捉摸不定，困惑不解。

當然，孤島型者確實也能和浪潮型圓滿約會。只不過，這兩者必須包容與欣賞彼此的差異。身為孤島型者，你可以謹慎而婉轉地提出你對空間的需求。但你偶爾也需要犧牲一下，保留一些自由空間給浪潮型伴侶，滿足對方渴望親近感的期待。你們的雙人舞步必須平衡兩人的欲求與節奏，進退有據，才能彼此滿意，皆大歡喜。

關鍵提醒

到目前為止，你應該心中有數，認識一下自己是否為孤島型，是否具有島嶼特質，或者，發現自己很少在關係互動中出現這些傾向。無論如何，知己知彼才是王道，我也希望你更胸有成竹，知道如何辨識潛在伴侶是否具備孤島型特質，理解對方，掌握與對方互動的訣竅而提高開花結果的成功機率。最重要的是，你能完全明白——身為孤島型，沒什麼不對；所以，你既不需要改變自己的性格，也不必去改變潛在伴侶的特質。

當你與孤島型伴侶約會時，我想提出一些基本的注意事項，作為本章結論：

- ♥要尊重孤島型伴侶對空間的需求。
- ♥不要去擠壓與侵犯孤島型伴侶的邊界，但可以隨意和對方協商你的需求。

♥要和孤島型伴侶反覆保證，你會一直在他／她身邊。
♥不要對孤島型伴侶表現過度依賴、非他不可的需求。
♥不要對孤島型伴侶表現過度的掌控慾。
♥要對孤島型伴侶提供建設性的回饋，還要以讚美來平衡任何批判。

當然，上述一些基本原則其實也適用所有關係類型。譬如，錨定型伴侶也希望伴侶能好好協商他們對空間與時間的需求。這都是和另一個人和睦共處的部分元素。只是，這些祕訣應用在「和潛在孤島型伴侶約會」的初期過程特別重要，因為這些原則不但不踩雷——避免觸及這位島嶼對象的過去創傷而引發可能的問題——而且還能幫助你們走向充滿愛與安全保障的相互連結。

第八章

浪潮型：沒有你我做不來

這或許和你想的剛好相反，浪潮型和孤島型並非完全對立。事實上，這兩者之間還存在不少相同的重要特質。一如孤島型，浪潮型也來自「不以關係為優先」的文化背景。孤島型與浪潮型在面對約會的議題時，他們的立場大多以自我為出發，而不是從建立關係的「共識與承諾」為主要考量。島嶼與浪潮傾向合理化自己的個性，他們會把自己的特質歸咎於童年主要照顧者的冷漠無情、偏心不公。

讓我再次以我為例，一如我在前幾章所做的自我剖析。我說過自己雖然是錨定型特質，但我也有些孤島型與浪潮型傾向。對我來說，這些特質的演繹與表現是透過浪潮型階段，從孤島型調整轉型至錨定型。換句話說，我其實在人生初期經歷過一段浪潮衝擊，包括浪潮型感受、思維與行為模式（容我再次強調，這並不是說，錨定型優於浪潮型）。

回顧我的童年，我發現我母親的表現肯定比我父親還要浪潮特質，而我父親則顯然是座島嶼。我的推論是因為母親比父親更了解自己對關係與親密感的需求。你接下來也會在本章內容中慢慢發現，孤島型者非常介意自己是否失去獨立自主性，而浪潮型則比較擔心自己是否被隔離與遺棄。如果以關鍵字來形容不同的特質，你應該知道我把孤島型歸類為「疏離」，而浪潮型則是「依賴」。這是兩種類型在關係表現上最迥然不同的差異。

今天，在我和崔西的關係中，我非常了解自己本性中那種依賴與糾纏的特質。我喜歡人，也熱愛與人接觸。當我們一起外出旅遊時，我最不樂見崔西因為必須上班而提早回家，留我一人。

倒也不是因為我不能獨立自主，而是「頓失連結」讓我深刻感覺悵然若失。在我生命的初期階段，我曾經歷的部分痛苦，其實是源自我的依賴感。不過，如今回頭看，壞事已成為好事——這是個更健康的標誌，也是遠離島嶼者習氣的起步。

身為伴侶諮商師，當我坦誠接納我內在的部分孤島型特質，擁抱我部分的浪潮本性，欣賞我漸漸轉型的錨定傾向，這樣的我剖析過程，對我助益良多。如果缺乏對其他類型的認同，我恐怕很難設身處地去站在不同立場，感同身受。同理，我相信這些認知與體會，也能針對約會過程提供建設性的方向。

我們將在本章介紹所有與浪潮型相關的內容——浪潮型者、與浪潮型伴侶約會——一切你需要了解的真相。一如過往，請對所閱讀的內容持保留態度，但願你能好好尋找內心深處的浪潮型特質。我們首先來看看形塑浪潮型的緣由，希望你能藉此判斷自己是否具備浪潮本性。我會幫助你辨識潛在伴侶的浪潮特質，以及浪潮型者如何與錨定型、孤島型伴侶在約會中互動與應對。

你是浪潮型嗎？

你現在有機會再度回顧過去、想想現在，看看你是否能掌握你的關係類型與特質。在這種情況下，請把焦點放在浪潮型的個性。當你進行浪潮型測試時，請盡可能如實作答，記得，這是為你自己而做。請放心，除了你以外，沒有他人會看到。

［練習16］

浪潮型測試

請你再一次瀏覽下列十題陳述，依據你想得起的記憶來回應。

當我還是個孩子時（十三歲前）

1. ……至少其中一位主要照顧者需要我的關注或照顧，才能感覺比較舒服。

正確＝1　錯誤＝2

2. ……至少其中一位主要照顧者顛覆我的角色，賦予我和大人平起平坐的身分、迫使我成為知己盟友、代理配偶，或讓我為「兒童不宜」的事為另一名小孩作證。

正確＝1　錯誤＝2

3. ……至少其中一位主要照顧者有時會對我表達強烈的疼愛、對我悉心照料、溫柔體貼；但有時卻又心情煩躁，心不在焉而分身乏術，無能為力。

正確＝1　錯誤＝2

4.……當我覺得煩躁不安時，至少其中一位主要照顧者會關注他／她個人的情緒狀態。

正確＝1　錯誤＝2

5.……至少其中一位主要照顧者動輒發怒，經常無所適從，不顧一切對他人偏袒不公或任意懲罰。

正確＝1　錯誤＝2

6.……至少其中一位主要照顧者希望我保持依賴性，隨時找得到，溫暖貼心又可愛。

正確＝1　錯誤＝2

7.……當我在夜間感到害怕時，至少其中一位主要照顧者會來到我的床邊或讓我到他／她的床上。

正確＝1　錯誤＝2

8.……當我經歷痛苦或挫折時，至少其中一位主要照顧者經常反應過度，過於擔心或涉入太深。

正確＝1　錯誤＝2

9.……至少其中一位主要照顧者顯得幼稚膚淺。

正確＝1　錯誤＝2

10.……我的主要照顧者期待我和他／她站在同一陣線，對抗他／她的配偶。

正確＝1　錯誤＝2

把上述回答加總計算，「正確」計1分，「錯誤」為2分。這項浪潮型測試中累積得最高分是20分，最低分是10分。如果你的得分介於10至12分之間，你極有可能是浪潮型者。或至少具備浪潮型傾向。

一如之前的狀況，你或許覺得難以想起過去的某些具體記憶——這裡指的記憶特別與你的照顧者有關——照顧者時而有空、時而很忙，不但需要你安撫情緒，在面對你的需求時，有時拒絕，有時卻又無力回應而不知所措。年長後的我們，經常會刻意忽略這些負面記憶，或無法以成人的參照標準重新省思這些記憶，也因此，我們錯過理解這些記憶對我們當前的生活與人際關係有何意義。當你完成本書這些功課與練習後，或許你會想要重新再進行這項浪潮測試。

浪潮型孩子

孤島型孩子的成長環境以強調自力更生為主，而浪潮型的孩子則剛好相反，他們自小在一個「鼓勵更依賴」的文化中成長。若要比較孤島型與浪潮型孩子出生十八個月前的生命初期，浪潮型孩子顯然享有更多被關愛、被關注與被撫慰的優勢。不過，雖然浪潮孩子的照顧者情感豐富又充滿愛心，但他們的照顧卻起伏不定，難以捉摸。這些照顧者對自己的情緒掌控力不佳，有時甚至被自己的情緒反應與強烈需求而搞得灰頭土臉，自顧不暇。因此，照顧者在低潮時會收回原有的感情和注意力。如此反覆推拉的付出與收回，會讓浪潮型孩子不知所措而累積挫折、懲罰與被遺棄的感受。浪潮孩子會出現依賴、無助感，同時也對自己的依賴產生矛盾，甚至怨恨那種「苦守照顧者來給溫情與關注」的感覺。

浪潮型孩子的照顧者，一般會把照顧的重責大任往自己身上攬。對浪潮型的孩子來說，角色互換與逆轉的經歷是司空見慣的事，照顧者會不時要求孩子反過來照顧大人的需求。這樣的情境會以不同的形式表現：照顧者可能要求孩子住得近，還要提供父母滿滿的情緒價值，甚至要求孩子當自己的盟友，和自己站在同一陣線去對抗另一位照顧者；或和孩子分享不合宜的事。

浪潮型孩子在年紀很小的時候，就知道他們必須努力往前。他們是「己所欲，先施予人」的奉行者，所以，他們的幼小心靈早已認定，若想得到照顧，首先要去照顧他人。所以他們的目標是取悅與討好他人，如此才能獲得心中所需。他們隨和可親，總能笑臉相迎，因為他向來被如此期待。但這裡有個問題。浪潮型孩子看似訓練有素的照顧者——和孤島型孩子一樣，看似身經百戰的資深照顧者——但事實上，浪潮型孩子卻經常感知自己的優勢其實也是他們最大的弱點。或許他們知道如何照顧他人，但他們卻要為此付上情緒安全感的代價，犧牲自己的情感需求。對浪潮型者來說——「能不能無條件獲得他人的關愛」——是永遠沒有十足把握的事。除此以外，持續不斷的情感拉扯長久以往，逐漸匯聚成底層一股含恨宿怨的怒黑暗流，汩汩流溢。笑容可掬的面容下，往往是悲憤交加的情緒。

浪潮型成人

談到約會，浪潮型和和孤島型一樣，他們會不自覺擔心再遇到與童年期相似的危險關係。最主要的憂懼包括被遺棄、被懲罰或被拒絕。遺憾的是，這些恐懼卻常是他們在約會後對潛在對象所做的事。浪潮型者很容易讓他們的潛在伴侶覺得自己永遠不夠好，也常感覺被遺棄、被威脅。聽起來很奇怪，對嗎？我們竟把最深沉的恐懼用來對付我們的潛在伴侶，讓別人感受我們最害怕的事。在我們反思成為浪潮型或如何接受浪潮相關的挑戰之前，讓我們先來看看浪潮型的優勢與強項。

浪潮型重視的是意義與情感，而非邏輯思維、理性與事實。他們在感情上的敏銳善感，是成為藝術工作者的絕佳人選，包括舞者、詩人、音樂家、藝術家、理論家……當然也包括心理治療師。他們的語言表達或許比較誇張，反映出他們看待事物比較傾向絕對化，擅長用「總是如此」或「永遠不會」的表達方式，嚴詞與情感都很飽滿極致。有時候，你很難和浪潮者平心靜氣地好好討論一些最突顯的重點。他們喜歡先聲奪人，需要耗時費力才能表達自己的觀點。這樣的方式特別讓孤島型對象深感挫折，和澈底無力感。他們會責怪浪潮者捉摸不定，不過，怨歸怨，但浪潮型總能以理服人，只是喜歡另闢蹊徑，不按牌理出牌。

如果孤島型是貓，那浪潮型就是狗。浪潮型喜歡透過對話與觸摸來互動。他們喜歡緊握你的手，無論分離多久，隨時渴望來個擁抱。當他們被人群圍繞，無論群體或一對一，那是他們最感輕鬆愉悅的時候。浪潮型很會表達，語言或非語言的表達都是他們的強項。為了和你在一起，他們會製造更多聲音，說更多話，以更高漲激昂的情感來表達自己。因此，我把浪潮型歸類在「依賴」一組。換句話說，他們的傾向是「奔向他人」而非抽身而退，尤其在壓力下，他們非但不抽離疏遠，反倒更親近人。相對於孤島型的座右銘「沒關係我自己來」，浪潮型則覺得「沒有你我做不來！」當你準備和浪潮者約會時，避免在你的言行上讓對方覺得你好像在推辭這場約會。

從約會與長期關係的積極面來看，其實，浪潮型的依賴特質意謂著他們享受密切的互動，而且不希望失去親近感。這也同時表示他們樂善好施，熱衷奉獻與付出。他們是個不折不扣的照顧者，即使犧牲自己也在所不惜。他們是優秀的醫生、社工師和政治家（因為他們總能洞悉問題的正反面）。但也因為浪潮型缺乏安全感，他們往往低估了自己的能力與職場舞台上本該享有的平等權利。

在人際關係上，浪潮型可能會讓人覺得很難搞、難以自立、依賴成性、抗壓低又過於情緒化。由於他們幼年的成長環境鼓勵他們要依賴，所以他們似乎還沒學會如何調校自己的神經系統。反之，他們會透過與他人互動，並從中取得他人暗示來制衡自己的情緒狀態。這種必須求助外力的仰賴感，使他們似乎沒有準備好遵守雙方約定，伴侶雙方也無法享有相互扶持與照顧的安全感。另外，在不同類型的伴侶眼中，浪潮型對關係的高度關注會顯得有些咄咄逼人，尤其是那些討厭小題大作、喋喋不休或不愛沉浸深究感情領域的伴侶面前，特別覺得「擾民」。

基於這些興風「作浪」的原因，我們不難發現，浪潮型確實把太多注意力集中於外在與外力，對自己的關注卻遠遠不足。當然，這些特質讓他們在某方面如魚得水，他們能經營親密的關係，情感豐富且樂於付出，對他人也總是深感興趣與好奇。但另一方面，浪潮型也因為付出的善意沒有得到對等的回報而暗自灰心失望與怨恨。他們易怒，而且耽溺於自己或他人曾經遭受的傷害，耿耿於懷。他們極度渴望愛與陪伴，但常常不確定是否值得為愛冒險。影星歌蒂韓在一九八〇年主演的電影《小迷糊當大兵》（*Private Benjamin*）中所飾演的角色，是浪潮型最典型的例子。這位主角最終學會不在錯誤的地方尋找愛。我們也可以在史努比的《花生漫畫》（*The Peanuts*）系列中，找到這些特質的碰撞——最佳浪潮型角色查理布朗（Charlie Brown）正好對上最佳孤島型女主露西（Lucy）。

當我把浪潮型描述成「依賴成性」時，其實我希望你能認清其中的最大重點，其實是他們有點錯綜複雜的表現模式，甚至夾帶一些似是而非的矛盾。如果說孤島型的反應是抽身而退又推開他人，那浪潮型的反應則是在抽身與推開之間，交替出現、搖擺不定。前一刻他們可能還賴在你身邊黏膩不放，轉瞬間可能就拂袖而去，甚至撂下分手的狠話。「沒有你我做不來」的心態搖身一變成「沒有你我做不來，有你我也做不來！」浪潮型會透過憤怒、譏諷、放棄的威脅把伴侶推開。然而，你要理解的是，即使他們看似用力把你推開，但他們心裡其實是以退為進，他們真正想要的是伴侶往前走向他們，而非轉身走人。這就像是他們擅長的拉扯考驗：如果我離開，你還會關切我嗎？他們想要證明自己仍舊被需要，而且他們的付出終將獲得回報。為了證實這一點，他們需要看到伴侶往前走向他們，傾注滿滿的情感撫慰與積極的承諾。當然，實際上面對一個浪潮型伴侶時，承受這些回應的另一半經常還是無所適從，不知前進或後退，總要等到最後關頭才想到應該往前慰留與擁抱。這些伴侶常常抱怨浪潮者拒人於千里之外，不讓人靠近；但事實不然，恰好相反。

如果要我對浪潮型坦白直言，我會說，你需要理解自己一直活得像永遠處於「等待中」的人生。你從小就學會要這樣生活。不過，恆久的等待其實常引發你底層的矛盾與怨怒。緊抓你要的，甚至進一步去擁有占據，對浪潮者來說，簡直是罪不可赦的天譴，因為這些渴望與夢想，要嘛不配得，要嘛不許有。我常把浪潮者想像成童話故事中被囚禁在城堡裡的王子或公主。城堡周遭有護城河、士兵甚至可能還有一兩隻凶神惡煞的巨龍看守著。浪潮者王子或公主早已穿戴整齊，等候他／她們的白馬王子或公主來拯救他們，脫離險境。最後，終於來了個拯救者，跨越護城河，勇敢決戰並擊敗巨龍與士兵，衝破城堡高塔的大門……正想伸手援救時，卻聽到那位高塔裡的潛在浪潮伴侶說：「哇！太感謝你為我所做的一切啊！但是，你知道的嘛，我還需要一些時間考慮一下。我現在有點不太確定欸……」

所以，浪潮者啊，這是我現在要對你說的。你要太多東西可以帶進一段關係中。你長袖善舞，多麼人見人愛。不過，如果你想要經營一段安全穩定的關係，你需要好好面對與處理從幼年時期累積至今，一些根深柢固的問題。或許你已意識到並開始調整，那就太好了！但如果你還在觀望，勸你還沒冒險毀了一段有前景的新關係之前，現在是開始好好面對的時候了。如果有人已經冒險衝進你的城堡大門，你看看自己是否能勇敢邁出信心的跳躍，開始學習相信。

與浪潮型者約會

我們來認識一下凱莉與伊凡。一如你在孤島型篇章所讀的，不妨試著猜一猜，看看這兩位誰是浪潮型。記得，可能是其中一位，也可能兩位都是。

凱莉與伊凡在一間長照康復中心任職護理人員時相識的。一開始，他們只是每週偶爾幾次在休息室一起喝咖啡聊聊，並沒有正式約會，因為他們不希望把社交生活與職場世界混淆在一起。剛離婚不久的凱莉，被伊凡的熱情與幽默感吸引。她幾乎不假思索就認定伊凡是個情感豐富的人，和她那個冷漠無感的前夫，簡直南轅北轍。伊凡發現凱莉是個善良和樂於付出的人。如果凱莉提前到休息室，她會主動為伊凡先泡好咖啡等他來，這一點讓伊凡感動開心。他有時會刻意比凱莉更早趕到休息室，這麼一來，伊凡也能為凱莉效勞。

當伊凡轉到另一個部門時，他們決定開始正式約會，也樂於規劃屬於兩人未來的感情發展。

他們都熱愛健行和騎單車越野，幾乎所有戶外運動都喜歡。到目前為止，他們已經相約出去一個月了，現在，這是他們第一次到外縣市約會。來看看這對剛交往的情侶當下的約會場合。他們正坐在一艘剛剛停靠岸邊的獨木舟裡，顯然已經在河上活動了一整天。

「怎麼了嗎？」伊凡問。

「沒事。」凱莉回答。

「一定有什麼事，拜託，我看得出來你有點不耐煩。今天一整個早上你都笑咪咪的，興高采烈，但最後這一小時你幾乎都不看我。」伊凡認真提問。

凱莉一言不發。但看起來似乎快哭了。

「嘿！過來過來。」伊凡伸手想把凱莉擁入懷中，心想這下應該可以讓凱莉敞開心扉，豈料她竟猛然把伊凡推開。伊凡冷不防大叫：「這是幹嘛啊！」他原來溫柔的聲音突然尖銳起來，悻悻然拿起船槳，轉身走開。

察覺到伊凡轉變了語氣，凱莉立刻驚覺不妙。她不再生悶氣，反而直球對決。她亦步亦趨跟著伊凡。「原來我不是你的唯一！你怎麼可以這樣對我？」

伊凡駐足回頭，滿頭霧水。他雖然覺得應該釐清眼前的一團迷霧，但他其實又想負氣離開，置之不顧。伊凡卡在原地進退兩難，一邊想留下來搞清楚狀況，一邊又想一走了之。他暗地裡告訴自己，這是他們倆的第一次衝突。如果凱莉就此離開，那可慘了，很糟糕。太多人都這樣和他分手。不能讓它再發生！於是，伊凡收拾一下情緒，盡可能心平氣和表達：「好，讓我們來看看到底是什麼問題。我們那時聊到——」話一出口，伊凡頓時想起了什麼，豁然開朗。「啊！我知道啦。你是為了汽車旅館的住宿安排在生氣。你因為我訂了兩間房還挖苦我。當我大笑兩聲後，你就開始生氣了。對啦，你冷嘲熱諷之後好像就一直不吭聲了。我猜得沒錯吧？」

「為什麼搞得好像是我的錯？」凱莉砲火猛烈，「你實際上就承認自己同時和別人約會啊，然後你回過頭來怪我生氣？」

「我承認？你在瞎說八道什麼啊？」伊凡覺得自己氣得都渾身顫抖了。他自覺什麼錯都沒做，還小心翼翼迎合取悅凱莉。「瘋了！完全無理取鬧。我根本沒和其他任何人約會。」

凱莉盯著伊凡看。她想要相信他，但她就是擺脫不了那種不對勁的感覺。「欸，我們又不是沒一起睡過，那你還堅持訂兩間房，這什麼意思？我也不傻好嗎！你覺得我該怎麼想呢？」

伊凡手上拿著船槳，開始往租船辦公室的方向走去。凱莉緊跟在後。「你想怎麼想就怎麼想吧！」伊凡邊走邊側著頭繼續表態，「看來，你是認為我因為和別人約會，所以才為我們安排一場浪漫度假，是吧？」

「浪漫？你說……我的意思是，如果你真的想安排我們的浪漫度假，那為什麼要分房睡？」

抵達辦公室門前，伊凡停下腳步。「天啊！你有沒有搞錯啊？我上禮拜就問過你對度假安排的意見，特別是住宿喔。你告訴我最舒服的方式是維持朋友的表面關係比較好。」凱莉聽罷還來不及反應，伊凡已逕自走進辦公室，歸還船槳。

凱莉坐在門廊上。當伊凡回來出現她面前時，她已平靜下來。「我不是那個意思。」她語帶歉疚，試圖解釋。「我只覺得我的前任可能會大發雷霆。但他發現的可能性有多大？機率是零。而事實上，我真的很期待和你在一起。」

伊凡停頓數秒，然後推開凱莉，越過她，走向自己的車。凱莉追上來，開車門坐進去。伊凡默不作聲，發動汽車，沒有看副駕駛座的凱莉，朝高速公路駛去。

「等一下！我們要去哪裡啊？」凱莉問。

「你想啊，你覺得我們會去哪裡？」伊凡滿臉怒容，繼續回答，「回家啊！」

「但是……」

「但是……幹嘛在不同房間過夜啊？反正我們一開始都不想分房睡啊，那就回家啊！」伊凡盡可能讓自己的語氣聽起來合情合理，以掩飾難消的怒氣。

雖然如此，凱莉還是明顯感受到對方壓抑的怒火。她覺得當下的盛怒背後，似乎還隱藏了其他議題。坦白說，她還是打從心底喜歡這個男人。「那我們就一起睡一間房。」她以懇求的語氣，為彼此解套。

伊凡瞥一眼身旁的女伴。他腦中想起凱莉各種迷人的笑容，那麼多溫暖貼心的小舉動。心裡的溫柔美女，和剛剛那個不分青紅皂白就控訴他欺騙的女人，是同一個人嗎？伊凡堅定拒絕：

「不用了！難道要整夜吵架嗎？免了吧！」

問題出在哪裡？

凱莉和伊凡顯然玩得不開心。你看到興風「作浪」的衝突點嗎？此外，你還能不能看到另一波衝上岸的浪潮？是的。他們倆都是浪潮型伴侶。這對情侶在童年期就曾經歷被遺棄、被拒絕與受罰的感受。一如我們從他們的言行舉止可見，兩人都表現出放棄、拒絕與懲罰的特質。凱莉與伊凡都是善良的好人。那到底問題出在哪裡？這些蛛絲馬跡揭露了哪些關係上的屬性與狀況？

引發爭執的導火線，可以往回追溯到更早之前在汽車旅館的對話，他們當時針對兩人是否住同一間房或分開住進行討論。身為浪潮型，兩人都對當下所做的安排不甚滿意，彼此都心存疙瘩。兩人都渴望彼此親近，共處一室。但矛盾與拉扯，也真實存在兩人心中——凱莉以「擔心前夫發現」來間接表達，而伊凡則直接表達在「乾笑兩聲」中。如果他們選擇當下直接表明心中的想望，或許事情就不會愈演愈烈到一發不可收拾。不過，那是橋下的水浪翻湧。在剛才的場景下，我們可能會說，凱莉錯在先，當伊凡一開始問她「怎麼了？」凱莉默不作聲。她以非語言的表態來讓對方知道自己心裡不舒服，然後又拒絕承認自己怒火中燒。這讓伊凡不得不背負起「找出問題」的義務，而且還得把問題處理好。最終，我們看見伊凡不但被女友猛然推開、甚至莫名其妙遭受懲罰。

伊凡嘗試安撫凱莉，但換來的卻是被狠狠猛推一把。凱莉的挖苦與推開不但於事無補，還給自己製造麻煩，雖然從她所感受的角度來說，她自覺是先被伊凡拒絕的受害者。伊凡一開始做對一件事——他走向凱莉，但他把凱莉欲拒還迎的推開，誤解為她真的想獨處。想當然，伊凡必然把她的反應解讀為拒絕與憤怒。這兩人都是浪潮型者，所以雙方都高度敏感於他人的拒絕，雙方都相互推託不願成為第一個拒絕的人。

如果伊凡能理解凱莉最深沉的恐懼，那他其實可以持續肢體上對凱莉示愛與關切。如果是這樣的話，或許事情就有轉機而撥雲見日。不過，由於伊凡也是浪潮型，面對凱莉的抗拒，他不假思索以憤怒與懲罰來回應對方。不甘示弱的凱莉自然被激怒了，也以憤怒與懲罰回報。凱莉的反應讓伊凡覺得罪魁禍首是自己，於是，雙方的捍衛與攻擊越來越失控。這對伴侶仍亦步亦趨，如影隨形，但他們依舊以浪潮型的動力出發——揉雜了恐懼、憤怒與傷害的感受。

最後，凱莉的語氣越來越平靜柔和，但大勢已去，來不及了。伊凡已深受傷害，他帶著怒氣抽身而退，拒絕任何挽回，並以取消後續行程來懲罰凱莉。你注意到有趣的觀察嗎？伊凡對凱莉的懲罰其實也傷害了自己，就像凱莉一開始把伊凡推開，其實最終自己也飽嘗被推開的傷害。

當你解讀這段兩敗俱傷的場景時，你會發現浪潮型一旦感覺受傷或懼怕時，他們很容易一錯再錯，尤其在兩位伴侶正準備進入彼此認識的約會情境下，情勢往往一觸即發。你也會發現其中一方輕而易舉就能讓對方「掀起浪頭」而抓狂。不過，平心而論，想想到目前為止你所學到的功課而「乘風破浪」往前邁進，我相信你不但能理解伊凡與凱莉，甚至會對他們深表同情。

約會重來：浪潮的選擇

讓我們嘗試以凱莉的浪潮型角度，來置身上述約會場景。一如你所看到的，大部分的「重來一次」不外乎收斂與控制你的情緒反應，好讓你可以更直接地溝通，進而終止所有恐懼、拒絕與懲罰所引發的惡性循環。

首先，我建議要正面處理過夜與訂房的問題。你甚至可以在抵達汽車旅館之前就直言表示：「我們可以討論一下今晚怎麼睡嗎？我很開心能和你一起外宿，但看來似乎也造成你的一些困擾。其實，我一直也想知道我們這段關係有沒有可能越走越認真？還有就是，我們是不是決定好要關係確認，沒有其他對象，只有彼此？」如此坦誠相見，直接觸及問題核心：雙方如何認定這段關係的狀態？冷嘲熱諷的言論與回應——無論真實或想像——總會適得其反。

或許，你覺得自己還沒準備好要表態這麼多。那你可以考慮言簡意賅，說得更聚焦具體，例如：「我們可以釐清一下是不是要訂一間房或分房睡？我希望先確定我們在這個議題上的想法是一致的。」其實，任何能讓你處理和控管自己焦慮的方式都可行，只要你能和伴侶好好直接面對；這對雙方都是雙贏。如果凱莉做到這一點，就不會有那麼多一錯再錯的後續故事了。

當這對情侶還在海邊時，其實還有一次力挽狂瀾的搶救機會。與其生悶氣，凱莉可以對伊凡說：「對不起。我想回到剛剛那個汽車旅館的話題，尤其當我嘲諷一番之後你還能笑笑回應，真不該這麼挖苦你，實在後悔莫及。我其實只是很想和你同住一間房，卻用這麼差勁的方式表達。」或者，你也可以這麼說：「當我說了些超愚蠢的話，譬如沒來由指控你和其他人交往，請你不要放棄我。我其實是想要從我的伴侶這裡獲得更多保證和確認。但我知道這不是獲取承諾的方法。」打開天窗說亮話的表達方式，把你的浪潮型特質都攤開來，好讓你的約會對象能理解你們的關係類型，雙方才能合作無間，而無須破壞你們的未來。

身為浪潮者，你的本能反應可能和凱莉相似——在伴侶試圖以具體行動來安撫你時，下意識把對方推開。如果這樣的情況發生了，那麼，請盡速修復關係。比方說，你可以這麼表達：「抱歉，我不是故意要把你推開。其實我現在最想做的是往你身上靠近。」說完之後，趕緊主動給對方一個擁抱。浪潮型（一如孤島型）具有一種自我保護的本能反應，但這樣的防衛也可能會中傷他們的伴侶。不過，別擔心，只要學會盡快修補關係就好。這在約會的交往初期尤其重要，因為這些落差和反應如果沒有及時解決與修復的話，你的這些特質可能讓原本適合你的優秀伴侶對這段關係備感疑慮而卻步。

最後，另一個關鍵轉折點是凱莉提到她的前夫。這一點不但挑釁且沒必要，而且很可能不是令她真正感覺不安的原因。你最好能換種方式來表達內在的焦慮，你可以嘗試這麼說：「我很抱歉。我還不習慣和另一個男人重新相處，這對我來說有點不知所措和害怕。但我其實很期待和你一起來這裡度假，我很遺憾自己好像把這一切都搞砸了。你能不能原諒我？」

身為浪潮者，你覺得自己能力挽狂瀾、搶救這次的出遊約會嗎？關鍵在於：你若能提早調整與改變，就更有機會在整個局勢急轉直下之前及時扭轉乾坤。或許上述情境又更具挑戰性，因為浪潮者凱莉的約會對象，是另一個浪潮者。伊凡本身的浪潮型傾向所激盪的推濤作浪，到了一定程度難免等同逼他逃離。不過，如果能在關係惡化之前採用我提出的建議，那這場約會就還有挽回的機會。

約會重來：伴侶的選擇

讓我們來考量一下浪潮型的伴侶可以有何具體行動，來避免這場局限於「雙浪潮」配對的討論中。

從凱莉的酸言酸語開始，伊凡其實不用以大笑幾聲或加倍諷刺來反唇相譏，更理想的反應其實是採取比較理性的角度。譬如，你可以說：「你為什麼這麼說呢？你真的想要我訂兩間房嗎？我知道我可能提供的訊息太複雜了，但我真的期待能和你同住一間房。」

接下來，更重要的是趕緊解決凱莉懷疑伊凡腳踏兩條船的猜忌。你可以這麼回應：「欸，等一下。你剛剛好像在暗示我同時和另一個女生約會。我不曉得你是不是真的這麼相信，或只是想要試探我的反應。但我想你需要知道，事實上根本沒有別的對象，沒有其他人。這樣你清楚了嗎？」這樣的回答可以引導雙方進入理性的對話，釐清凱莉如此疑慮的緣由──換句話說，讓凱莉把她壓抑心頭的顧慮都說出來，以消解疑團。

當你注意到凱莉的情緒狀態越陷越低時，你可以這麼表達：「你對汽車旅館的住宿問題很不滿，對嗎？」或面帶微笑地凝視她的臉，說道：「你不該這樣消極退縮。你這樣真的讓我很難過。請你坦白告訴我，好嗎？別忘了我們一直是好朋友，不是嗎？」或者，伊凡也可以直接用耍賴的語氣開玩笑：「告訴我告訴我告訴我啦！你一定要跟我說真話，不然我就一直糾纏你，跟你沒完沒了喔。」

因為伸手擁抱卻換來對方怒氣沖沖的推開，肯定掃興又懊惱。不過，與其暴跳如雷，不如以更正面的方式讓對方從疑慮重重中撥雲見日。其實，你的伴侶當下最想要的，很可能正是一個擁抱。這時候，你可以再次保持幽默感，詼諧問她：「你這樣把我用力推開，所以你是想和我玩摔角啊？那我們到沙灘上較量一下，看看誰會贏。」如果對方連這樣的玩笑也不買單，那你可以舉雙手說：「好吧！擁抱可以延後，但我的擁抱提議一直都有效喔。看你想要什麼樣的擁抱，隨時等著給你。」

當浪潮型的約會對象開始出現情緒化反應時，你最好不要以牙還牙而把情勢搞得更難以收拾。試試看能不能讓自己成為困境下一股穩定情勢的力量。我不是說你應該讓對方得寸進尺，任意對待你，畢竟，每一個人最後都該為自己的行為負責。但是，多一分理解往往能帶來意想不到的正面助益。在上述約會場景下，你若能理解浪潮型伴侶通常不善於直接表達或主動掌握自己要什麼，那會讓你比較釋懷，也更明白浪潮者經常以暗示的方式來表達自己的想法。這種行為模式可能是對伴侶的一種探測。如果，你真心想要維護這段關係，就得通過這項測試。當然，是不是要通過考驗，取決於你覺得這段關係是否具備安穩交往的潛力。如果你認為值得交往下去，那你可以成為啟動與提供安全感的一方，引導對方以更理性的方式進行溝通。在這場約會中，如果伊凡堅定不受自己的浪潮型恐懼與反應來牽制，那麼，他就更可能化干戈為玉帛，扭轉約會局面。

［練習17］

從過去經驗，判斷你的約會對象是否為浪潮型傾向？

就像之前你判斷約會伴侶是錨定型或孤島型，現在也請你發揮神探福爾摩斯的觀察精神，留意潛在伴侶是否傳遞一些浪潮型線索與訊息。

以下一些專為浪潮型測試準備的問題，可以在你們之間的對話中提供你參考和採納：

1. 找出對方童年時期成長的家庭文化。
2. 你的約會對象是否對童年時期的不公不義而耿耿於懷？
3. 主要照顧者是否強調你的對象需要承擔起照顧的責任，或角色顛倒互換，或多所依賴？
4. 至少有一位主要照顧者對你的約會對象在情感照顧上變幻莫測，時而可得、時而不可得？
5. 主要照顧者是否鼓勵你的約會對象依賴成性而不獨立？
6. 對方童年期最重要的關係是否缺乏安全感？

你的伴侶若是浪潮者，那以上這些議題的討論，可能引起當事者驚慌失措的情緒反應。相比之下，孤島型伴侶可能會有所保留而不願多談，而浪潮型伴侶則比較可能正面回應這些問題，反思與討論。不過，我要特別建議你謹慎行事，小心評估你們的關係是否穩定與敞開到雙方已準備好能一起面對傷口揭露後，所可能觸及的創傷與痛苦。

〔練習18〕

從當下時刻，判斷你的約會對象是否為浪潮型傾向？

當你一邊認識與梳理浪潮型伴侶的過去時，請善用你的神探福爾摩斯觀察技巧，在約會過程的當下時刻，特別留意下列跡象與細節：

1. 我的約會對象是否對我充滿熱情？
2. 我的約會對象每每聊起自己時，經常出現情緒化的波動嗎？
3. 我的約會對象有很多朋友嗎？
4. 我的約會對象喜歡活在人群中，一旦獨處則覺孤單？
5. 我的約會對象時常把自己的需求擺一旁，優先照顧他人？

6. 我的約會對象動不動就嫉妒吃醋？
7. 我的約會對象動不動就生氣發怒？
8. 我的約會對象是否黏膩糾纏或依賴成性？
9. 我的約會對象是否矛盾無常、若即若離——有時拉著人親近，有時又拒人於千里之外？
10. 我的約會對象是否陰晴不定、特別難搞？而且是個「沒有你我做不來」的典型人格？

如果你是浪潮型，約了浪潮型

浪潮型配浪潮型的約會，也許是最具挑戰性的組合。這樣的配對並非無法成功，因為確實可能，我也見識過無數幸福美滿的「浪浪組合」伴侶。從理想面來看，這兩種傾向的關係結合，總是人間最溫暖、情感濃烈而且包容性強大。如果你的約會對象是個浪潮者，那你對親密關係的需求將獲得強烈回應。你們可以共享歡樂時光，一起拓展豐富多元的社交生活。另一方面，我強烈建議你們在交往初期，就能敞開心懷，好好討論彼此的浪潮型特質與相處模式。如果沒能防患於未然，我擔心你們的關係還沒正式開始便已分崩離析，就像凱莉與伊凡的個案，一發不可收拾。所以，各位浪潮型者們，勇敢去追浪吧！好好衝一波，享受駕馭浪高的美好，但要確保沒人被浪潮淹沒喔。

如果你是浪潮型，約了錨定型

身為浪潮者，你會發現錨定型者是個輕鬆好相處的約會對象。雖然你對親密關係傾向「猶豫擺盪」的矛盾態度，但錨定型伴侶不會激化你的「若即若離」。譬如當你過度擔心你的錨定型對象是否同時也對其他異性感興趣而悶悶不樂時，他們既不會助長你的糾纏追問或嫉妒行為，也不會指責批評你。反之，你幾乎可以預期對方會直接從務實的角度來和你溝通你們這段關係的發展與未來。當然，你若對錨定型伴侶生氣，他們也會以理性的方式回應你。他們不怕任何激烈的情緒反應，總能冷靜處理任何猛烈炮火。不過，如果你持續表現得過度黏膩或不可理喻，甚至缺乏風趣幽默與合作精神，那你或許會發現這位錨定型伴侶已下定決心另起爐灶，尋找更適合自己的對象。

如果你是浪潮型，約了孤島型

浪潮對島嶼，恐怕也是充滿挑戰的約會組合。想像一下，我們以凱莉或伊凡其中一人和上一章的布萊德利約會為例。身為浪潮者，你的孤島型對象時不時的疏離行為，可能會令你焦慮不安。你想要承諾與確認，偏偏等到的卻是冷漠的回應。你渴望被需要，但你的孤島型伴侶卻讓你覺得自己像個可有可無、無足輕重的個體。當你因此而遷怒島嶼伴侶，還一心期待彼此來個坦誠相見以挽回這段越來越讓你放不下的關係時……嗯，出乎意料啊——你的孤島型對象早已轉身離去了！

簡而言之，身為浪潮者，如果你的約會對象是孤島型，那麼，你原已安全感不足的感受，可能會被強化。而且，當你表現得過於依賴，你很可能會狠遭拒絕。聽起來似乎水火不容，對嗎？其實也未必。浪潮型與孤島型伴侶確實可以享有幸福的長久關係。關鍵祕訣就在遵循本書各章所提供的生物心理學原則，開展成功的約會模式。如果你能做到這些建議，你和你的孤島型伴侶即使相處模式迥然不同，也能擁抱差異，提供彼此真正渴望的安全感。

關鍵提醒

走到這裡，我們已大致完成三種主要人格特質與相處模式的說明，以及各不同屬性的伴侶，如何在約會中與各類型的對象互動交往。正如我一再表明的立場——這不是鼓勵你選擇某種類型的約會對象，或排斥另一種特質。我們每一個人都有優缺點，某些配對自然會比其他組合更能融洽相處。最重要的是，在雙方彼此了解的過程中，去理解與欣賞對方的型態與相處模式所帶來的影響。

理解浪潮型者——這一路走來，他們如何累積這些浪潮傾向？他們最怕什麼？這些梳理有助於我們與潛在的浪潮伴侶和諧共處。這裡列舉一些「與浪潮型約會」時值得關注的基本提示：

♥請對浪潮型伴侶表達滿滿的愛意。

♥不要推開浪潮型伴侶，連看似推開的言行，也要避免。

♥請對浪潮型伴侶承諾你會永遠在他／她需要時，守候身邊。

♥引導浪潮型伴侶以更理性的方式，來面對關係的議題。

♥不要助長浪潮型伴侶的怒氣或醋意。

♥多多鼓勵浪潮型伴侶去消解任何湧上心頭的情緒矛盾。

我們將在下一章重新回到生物心理學的工具使用，希望你能藉此更深入察驗你的潛在伴侶。我們已在第四章大致探討如何透過語言與非語言的線索，幫助你判斷所接觸的對象是否適合你。現在，我們先來假設你已找到心目中的理想對象，而且想要更全面與深入理解對方。譬如，你們如何一起享樂？更重要的是，你們如何面對與處理衝突？整體來說，當你們一步步認識彼此時，你和伴侶的神經系統如何互動與激盪？

第九章

你的神經系統是否運作順暢？

假設你們已經約會了一段時日，看來你也克服了雙方初識的緊張不安，對彼此的互動與關係模式也稍有了解，而且開始進一步思考這段關係對你們的意義與未來。你或許也會發現最初的新鮮感已漸漸消退，絢爛回歸平淡後，取而代之的是發展共同生活的可能性。當然，這並非意謂著你不再需要對伴侶進行觀察與評估，這部分還是要延續下去。即使已建立長期承諾關係的伴侶，也可以經常善用觀察判斷的技巧，更深入理解彼此。我想在此特別表明，你已準備好要學習一些具體可行的方式去改善你和伴侶之間的互動模式，這些原則都能幫助與確保你們的關係更加穩健發展。

以下看看幾對約會不到一年的情侶——當被問及阻礙關係進展或對未來備感疑惑的原因時，他們普遍都對自己的這段感情發展，樂觀其成。

露絲與法斌越來越發現兩人對性生活的期待有落差；他比她更渴望身體的親密性事。露絲說：「我們其實沒有為這個問題吵過架，但我擔心時日一久，這會成為越來越棘手的問題。」法斌說：「有時候我感覺露絲和我好像天各一方，頻道不同。」

傑米與華特都同感彼此之間的衝突太頻繁，似乎已超過他們的預期。傑米說：「我認為吵架可以被視為健康關係的指標。我們如果完全不衝突，那才讓我擔心咧。但問題是，我們好像都為一些雞毛蒜皮的瑣事爭執不休。」華特對傑米的想法沒有異議，不過，他補充指出：「看來大多數的衝突都是傑米先引爆的。我希望當他和我在一起時，不用那麼緊繃，可以再放輕鬆一點。」

當亞瑟與蘇菲決定一起住的時候，他們發現彼此對獨處時間的需求差異很大。蘇菲說：「我猜我應該是孤島型。我喜歡多一點獨處的時間，尤其是我從外面回來的時候特別需要，因為我工作上得不斷和人打交道。」亞瑟不假思索插話道：「我也是孤島型啊！但我一整天都在面對電腦，所以一看到蘇菲回家就迫不及待想和她膩在一起。」

艾麗卡與法葉回報表示，他們常常為錢爭執。艾麗卡說：「我們喜歡的東西都一樣，但我們對於什麼時候該花錢買我們喜歡的東西，一直很難有共識。」法葉說：「每一次我們去逛街的時候，我覺得艾麗卡好像都要我買東西給她。她老是覺得我送的東西不夠多。我覺得不完全是錢的問題。」

這些個案和其中一些例子，反映了伴侶間最典型的衝突議題。二〇一三年的《帕洛特》（*The Parrotts*）研究報告把伴侶之間的衝突，歸納為五大議題：錢、性、工作、育兒與家務。蒂娜·塔西娜（Tina Tessina, 2008）則傾向簡化成三大分類：錢、性與孩子。當然，對約會階段的伴侶來說，孩子的議題或許還遙不可及，除非伴侶之間有一方原是單親有孩子。無論如何，更重要的是，我並不認為這些議題本身是你們這段萌芽關係的核心問題。從生物心理學的角度來看，真正的關鍵問題，比較無關乎「你們的衝突內容」，而是「你們的神經系統是否運作順暢」。

這樣看來，這似乎是個好消息。因為你或許沒有把握自己能不能和伴侶一起克服衝突的「五大點」或「三大點」，但如果你把這些當成「神經系統之間的運作」與協調，那你或許更能找到施力點而有所為。事實上，這正是本章重點。首先，我們來綜整探討，兩大神經系統如何運作順暢，以及它們可能要面對的普遍挑戰。然後，我們再來談談你要如何改善一些運作上的問題。具體而言，你將發現自己和伴侶可以學習如何互相安撫、激發彼此的熱情，就算難免衝突時，也能找到有成效的衝突方式。

啟動你的原始本能與理性大使

你應該看過一些以骷髏代表人像的圖片。這些骷髏人或跳舞或互動，一般都與萬聖節或墨西哥的亡靈節（Día de los Muertos）活動相關。無論哪種情境，都是很常見的影像。不過，我一直認為更貼切的視覺效果，不是只看到骷髏，而是要把神經系統也呈現出來。想像一下兩個人比肩而坐，而你所能看到的，就是他們的大腦、脊髓和全面延伸的周邊神經系統。我超愛這樣的概念，於是我創作了一張這樣的圖像，把它放在我的第一個網站上。我至今仍認為，這是最能精準呈現兩位伴侶互動的圖像。

我知道你大概會認為自己是個有意識而且對自己的思維掌控得當的個體——某種程度上，確實如此。不過，我認為你不妨考慮一下另一種可能性或許更貼切：嚴格說來，你大部分的思維與言行，未必完全出於有意識的自主性。當然，你的伴侶亦然。當我們說到關係，如果能提早認清這一點，其實可以讓你少受些壓力與責難。怎麼說呢？因為你大部分時候的行動與反應，都是出於大腦的自動化部分——由你的原始本能所驅動。尤其當你承受過多壓力、備受威脅或覺得置身危急關頭之際，這些原始本能會先衝動開槍，然後才開始思考。這種「先兵後禮」的機制，把你和伴侶推入水深火熱中——於是，對方也以牙還牙，憑靠本能行動與反應來回敬你。當你的伴侶在衝突中忽然質問你時，你就得解釋自己何以如此說、何以如此行。這下，輪到你的理性大使上場了，它最好能編個合理的解釋。而且要快喔！但是，就算你的理性大使試著想平靜講論正確的話，誰也無法保證一定能有效解決雙方矛盾。

你的神經系統進行調節的其中一件大事，就是在某些特殊時刻下你所表現出來的平靜或激動。心理學家把這種情感反應的狀態與範疇，稱為「喚醒」——可以更高亢，也可以更低落（一如我之前提過，這裡所指的「喚醒」並非性勃起，而是你持續表現的整體能量狀態）。

這在伴侶關係的互動中，尤其重要，因為雙方相處與和諧生活的能力可能深受不同程度的「喚醒」所影響。比方說，假設你想日日夜夜都出去逛個不停，但你的伴侶一下班就只想躺平啥都不做。如果這樣的反差狀況偶爾發生，那無傷大雅，但如果這是你們之間的常態模式，那你就得想個解決方案了。另外，「喚醒」的程度也是你和伴侶起衝突的重要因素。譬如，假設你的約會伴侶說些令你心煩氣惱的事，你的喚醒程度會自動激化增強；反之亦然。

你的「喚醒」程度，是由大腦神經系統內的兩大支柱——交感神經與副交感神經系統——相互調控與支配。交感神經負責激發能量。當你感覺興奮激動或威脅驚恐，那正是你的交感神經系統在發揮作用的時候；而副交感神經的功能，則澈底相反，它能安撫你，讓你心平氣和與放鬆。值得注意的是，這兩大神經系統的啟動，都是自動自發的。不過，好消息是，你其實可以透過許多方法與練習來駕馭它們。

一般來說，理解大腦如何自動運作的原則，同時接受自己（和你伴侶）的生物性本能，可以提供你很大的助益，讓你和心愛的對象遠離紛爭衝突，和睦相處。當然，即使竭盡所能還是會犯錯，這是人之常情。這世上沒有任何溝通相處是完美無憾的。只不過，你最好能盡早把握時機，好好了解整個運作過程，並善用這些知識，落實在彼此的互動上，和你的伴侶好好相處。

彼此安撫

我們在第三章討論過使用正念來調節自己的神經系統，幫助你緩解約會時忐忑不安的緊張情緒。希望你現在已能駕輕就熟。我當時曾提醒你，如果你和約會對象彼此了解得不夠深，恐怕無法調解彼此的神經系統。我相信你們現在應該已相濡以沫、知己知彼了。其實，能盡早學會彼此安撫與舒緩，對你們這段新關係的未來，肯定是其中一項最重要的功課。

誠如我所強調的，我們大腦中負責啟動戰鬥的部分，往往勝過「渴望愛戀」的觸動。換句話說，為了生存，原始本能經常超越理性大使，凌駕其上。一般來說，大腦為了確保我們免受危及生存的攻擊，它必須自動記錄並記得所有的危險訊息，準備隨時帶我們逃離困境——不只是老虎與灰熊的威脅，也包括愛人的威脅。當然，你的伴侶或許不至於像老虎兇猛，讓你伴君如伴虎般驚恐不安，但對你的大腦操作來說，兩者都可能同樣危險。所以，你若想擁有一段相親相愛與低壓自在的關係，完全取決於你如何掌握另一方——理性大使的平衡點，找出彼此安撫的訣竅，而非彼此威脅。

來看看祖恩與威爾這對伴侶，他們約會一年，最近剛訂婚。雖然兩人都滿心期待共創美好未來，但在現實生活中，不曉得為什麼，他們經常因為一些莫名的原因而彼此疏離，熱絡不起來。例如，當這對伴侶到威爾的父母家享用感恩節晚餐時，祖恩注意到威爾沒有讓她參與和家人的聊天對話中，感覺自己被冷落了。圍繞餐桌的家庭談話內容，大多聚焦於威爾的大哥與大哥的工作。雖然祖恩和威爾在交往初期便已認識與觀察過彼此的原生家庭，但這是祖恩第一次見到大哥。她想要在這樣的場合中留下好印象，但苦無發言的表現機會，只好埋頭安靜吃飯。雖然外表看似風平浪靜，其實內心深處早已波濤洶湧。

回家路上，祖恩在車上表達自己的挫折感。「這是第一次和你家人共度感恩節，我其實抱著很大的期待參加，但整個晚上的大部分時間，我覺得自己好像是個隱形的陌生人。所以，你們家人聚在一起的時候，這樣的狀況是常態嗎？」

雖然威爾對於這次的家庭餐敘安排也不太滿意，但他顯然被祖恩的一番話逼得有些尷尬了，於是，下意識的反應是為家人捍衛。他反擊：「你幹嘛老是覺得自己應該成為焦點人物？你煩不煩啊！」

祖恩覺得她的體會被身邊伴侶徹底貶抑輕忽了。「不公平！」她反駁，「我從來就不想成為焦點。你現在就應該知道我不是那樣的人。至少我是這樣希望啦。」

雖然威爾把問題都歸咎於祖恩身上，但他還是覺得很糟糕，因為他自己的問題尚未得到紓解。「我不知道，」他悶悶不樂繼續補充道，「或許我們根本沒有我們所想的那麼彼此了解吧。」

這是個關鍵時刻。祖恩與威爾之間已開始劍拔弩張，不難想像下一步戰火將如何由此引爆，一觸即發。他們可能會發生激烈衝突。未來和家人之間的關係也可能張力十足。如果這些議題沒有好好處理與解決，嚴重的話，連婚約都可能告吹。事實上，無論祖恩或威爾都無意以負面表述和消極態度來破壞兩人的關係。只不過因為各自的過去經驗，各自的原始本能把一些訊息與跡象解讀成「威脅與危急」而採取相對應的防禦行動。在這樣的情境下，他們的神經系統徹底讓位，由原始本能主導大權。

我並非建議你們但凡面臨類似情境，就得要求伴侶或自己去接受心理諮商來解決問題。從生物心理學的觀點來看，真正重要的，是先釐清你那兩套神經系統在當下的操作模式。幸好這是你可著手解決的議題，而且很可能比你預想的還要好處理。讓我們來細察究竟吧。

認清線索

想知道如何安撫伴侶之前，即使在剛開始約會的初期，最重要的祕訣是先認清充滿威脅感的線索，同時注意急速高漲或低落的「喚醒」狀態。透過反覆練習，你可以透過觀察約會對象的臉部、聲音與身體的反應，立即判斷對方當下的衝動是直線攀升或者太低落。換句話說，你得再度把明察秋毫的觀察法派上用場。成為敏銳善感與有知有覺的伴侶，意謂著你細心留意，學習從細節找出哪些小事引發伴侶感覺被威脅，然後，你才能夠有跡可循，尋找對的方向去介入，並採取行動。

讓我們觀察一下威爾與祖恩的互動——如果我們能密切留意他們的「喚醒」與受威脅的反應，便可從中發掘一些明顯的狀況。那晚的感恩節晚餐中，祖恩應該發現威爾一反常態，不像他平時那樣隨心所欲地高談闊論，反倒發言精簡，在表達意見時顯得特別嚴謹，然後就往後坐下而一言不發。而當他沉默不語時，他連吃飯的舉止都顯得有些侷促不安，不但滿臉通紅，而且狼吞虎嚥。如果祖恩再細心觀察下去，她應該也會注意到，威爾的父親只把注意力集中在威爾的大哥身上。

與此同時，威爾應該也會發現祖恩在整晚的互動中特別壓抑克制，和她平時在社交場合上活潑開朗的表現，根本判若兩人。一頓飯吃下來，她越來越意興闌珊，情緒低落。她垂著頭，目光飄散，避開任何眼神接觸。

值得注意的是，我現在所說的內容，完全無關乎任何一方的個人歷史，也無須去理解個人的過去經驗。比方說，祖恩不需要知道威爾是否曾經覺得自己不如哥哥優秀而飽受父親的忽視，她可以跳過個人歷史的探索直接去理解當下的「喚醒」程度。當然，深入了解伴侶的過去確實很有幫助，重點是，如果只想做好安撫伴侶的目標，了解過去並非是必要條件。

快速修復

當我們談到如何安撫你的伴侶，或許該放在心上的關鍵重點，是速度。一旦你已觀察並掌握到某個問題的線索，事不宜遲，盡速行動。為什麼呢？因為你的伴侶或你自己的原始本能很快就會探測到急竄而上的威脅感，這股威脅反應會快速飆升而爆發。所以，你若能捷足先登，趕在威脅反應引爆之前去稀釋與安撫，就能降低關係的損耗。

安撫伴侶的形式不計其數，但其中不出兩大類別——非語言的安撫、語言的確信。讓我們來看一些具體案例。

以剛才的故事為例。如果祖恩注意到威爾在這場晚餐聚會中忽高忽低、起起伏伏的衝動情緒，她其實可以主動伸手緊握威爾的手，輕聲對他說：「我很慶幸我交往的男人是你而不是你哥。」祖恩不需要了解兄弟倆之間的真實動態——更何況短時間內也不可能掌握什麼恩怨情仇。最重要的是，她可以在警覺威爾不尋常的情緒起伏與能量變化時，第一時間便主動安撫了他。

威爾可能因此而面露欣喜之情，轉向祖恩回應道：「真的嗎？從來沒有人這麼說過。」

如果這樣交頭接耳的竊竊私語在聚會中顯得突兀或不妥，或當時這對伴侶沒有坐在一起，那祖恩還是可以透過眼神來吸引威爾的目光，然後給他一個默契十足的表情或信號——彼此說好的親密表達。又或者，祖恩也可以選擇在談話之間的稍微停頓時，對威爾公然說些深情愛意的話，譬如：「威爾，謝謝你帶我來，讓我和你分享這麼特別的時刻！」雖然這番感恩戴德未必全然真心，但如此表態仍可喚起小倆口原先安排度假的初衷，而祖恩也能趕緊順勢走向威爾的身邊（甚至可能大家都還在餐桌旁），低聲細語對他說：「好期待我們今晚的二人世界，迫不及待！」也許威爾也想在這樣的情境下安撫祖恩，別忘了快速修復的意義是，允許特定時刻中比較有安全感的伴侶，先放下自己的問題，去照顧另一方的需要。

〔練習19〕

安撫你的伴侶

這項功課要求你安排一段不受干擾的完整時間，至少二十分鐘；讓你和伴侶可以一起安靜練習。也許你想在週間下班後你們倆（或其中一人）都精疲力竭的時候，進行這項功課。但這其實不是個非完成不可的必要條件，所以，你可以隨意找個週日下午的休閒時間來練習。

1. 告訴你的伴侶，你準備要嘗試安撫他／她。對方什麼都不必做，只需要坐享其成，接受你所做的任何事。
2. 你的職責是去實驗，並從伴侶身上驗證看看安撫的效果。譬如，你可能會抱著對方，搖晃對方的身體。或者你就坐著，緊握彼此的手，眼神對視凝望。或者你可以試著撫摸伴侶的額頭。總之，來點創意，試試各種可能性。
3. 當你安撫伴侶時，特別留意任何線索。注意對方的「喚醒狀態」是否符合你所預期的，漸趨和緩與下降。不然的話，請改弦易轍，換個方式。例如，當你要求伴侶躺在你的大腿上時，對方蜷曲不安，那當你們坐起來時，試著安撫他／她。或說你的伴侶如果明顯需要和你聊聊，那就聚焦在語言撫慰的對話溝通上，放下非語言的安撫法。

4. 當你完成如何安撫伴侶的實驗練習後，邀請對方告訴你，哪些方式有用，哪些無效。你也反思一下，自己做了哪些最強而有力的安撫行動？

5. 接下來，角色互換，輪到你的伴侶來安撫你。然後兩人討論一下，哪些安撫方式對你最奏效。

記得，安撫是需要自主自發、心甘情願的。我不否認上述功課很值得嘗試與練習，因為這些練習過程有助於你進一步了解伴侶（包括你自己）需要什麼樣的安撫，這些線索與訊息都可能在未來派上用場，助益很大，只不過，我們不是機器人，不能一成不變地完全按表操課。無論任何情境，你都需要敏感察覺伴侶當下的狀況與需求。接住對方的暗示，再依據當下需要，調整你的安撫方式。

我提過個案中的祖恩，面對其他人在場的喧鬧環境下，讓她無法直接對未婚夫表態明說，但她其實可以使用訊號來安撫威爾。事實上，你可能會發現，你和伴侶的喚醒狀態最容易失控的引爆點，往往是在喧囂的社交場合。當你同步又同時與多人交流對話時，因分身乏術而無法顧及你們之間的互動，因此，這也是最常引起巨大壓力的場合與時刻。當然，這也正是「伴侶圈圈」派上用場的時候。

許多伴侶發現，他們可以透過傳遞彼此專屬的親密語言，及時調解雙方的神經系統，而且，屢試不爽，成效卓著。不過，這樣的默契可不是幾次約會後就能達到的境界，但隨著關係日漸成熟與深入，並開始發展你們之間的「伴侶圈圈」之後，你們自然也可以發展出更多彼此安撫的妙計良方。

［練習20］

保持訊號暢通明確

開始發展雙向安撫的親密語言——安排一個輕鬆自在的時間，和你的伴侶坐下，一起提前商量計畫。你可以提醒伴侶最近發生的經歷，類似其中一方期待能有個私下溝通的機會（就像祖恩在感恩節晚餐的經歷）。你們一起設想未來若再發生類似的情境，雙方可以如何有效溝通與傳遞訊號，以滿足彼此的需求。你們可以討論出各種方式，比如簡單到一個眨眼，或一句只有你們倆能明白的專屬暗語。好好享受這過程吧！這項練習可以趣味橫生，就看你們要怎麼玩這場遊戲。

心平氣和的愛

比較低落的「喚醒狀態」，不只是影響健康與幸福的重要指標——包括免疫系統與消化功能之外——還有助於培養心平氣和的「靜愛」。創造頻繁的「靜愛」時刻，對你和伴侶建立成功的關係助益甚大。心平氣和的愛，也有助於釋放鎮靜心神、促進關係連結的神經化學物質，例如血清素、增進情感的催產素與加壓素。什麼樣的時刻屬於心平氣和的靜愛時刻？舉個例子，你和伴侶彼此親近，但同時各自活動——譬如一起閱讀，或一起安靜欣賞迷人的景致。

為彼此負起責任

安撫的能力，足以影響一對伴侶是否能長長久久、和睦共處；這是無比重要的技能。我想再舉個例子來說明安撫的能耐與效果。以下這個案的情節，稍微有些戲劇性的危機。

雪倫與基斯只約會三星期。雪倫兩個月前才在自己的婚禮中歷劫歸來——她的未婚夫臨陣脫逃。基斯明白雪倫還沒完全準備好重新展開一段新感情，但他在雪倫身上看到許多夢寐以求的希望，所以決定不顧一切，繼續與雪倫約會。

某晚當他們一起吃晚餐時，雪倫忽然心潮澎湃、情緒起伏大到讓基斯開始驚覺有異。她焦躁慌亂、心神不寧，吃飯的狀態也和平常的狀況大不同。基斯觀察了幾分鐘後表達：「你看起來不太對勁。你還好嗎？」

「對不起！」雪倫說，「我不知道我怎麼會覺得很不安。也許我們該離開這裡。」

基斯大膽臆測並問雪倫：「你和他來過這裡嗎？」

雪倫一聽，瞬間淚流滿面。她自覺陷入強烈的哀傷與愧疚之間——被前任棄絕使她悲從中來，與新對象約會使她愧疚自責。雪倫意識到他們正在公共場合中，所以她試著控制自己愈發升高的恐慌。不過，激烈情緒似乎壓不下來。

基斯注意到雪倫開始過度換氣，那是她衝動指數急速上升的徵兆。事不宜遲，基斯覺得應該趕緊採取行動。「走吧，我們離開這裡。」說罷，他快快結帳，牽著雪倫走向他的車子。

他們安靜坐在車內一陣子後，基斯輕撫她的手。他發現這看似輕而易舉的小動作，卻能為對方帶來即時的舒緩效果。當雪倫的呼吸慢慢恢復正常節奏時，他說：「我還記得離婚後那種感覺簡直是糟糕到不行。有很長一段時間我都走不出來。我甚至覺得每一個和我約會的人都是個冒牌貨。我一直覺得自己在欺瞞背叛，好像我的約會行動都在攔阻我的前妻回到我身邊。那種感覺很虐心，真的可怕。我根本沒辦法和任何人約會超過一兩次。」

雪倫停止哭泣。「你也經歷過這些過程？」她訝然回應。

「是啊。真不希望你承受這些苦，很抱歉讓你那麼難過。」他停頓了一會兒，然後告訴雪倫，「我載你回家吧。」

「不，」雪倫說，「我覺得好多了。謝謝你。」她親吻了基斯，並提議兩人是不是可以找個地方散步走走。

看到這裡，你可能會告訴自己說：「我的伴侶應該自我安撫才對。我無須為對方的情緒狀態負責。」

從某個角度來說，你的立場無可厚非。在理想的世界中，我們無論何時都能管理自己的神經系統。但在感情的世界中，卻不是那麼一回事。事實上，如果你期待你的伴侶在任何情境下都能自我安撫，那你大概可以把自己排除在這段關係之外了。既然各自為政，那你的伴侶大可在其他地方尋找其他對象來相互安撫與取暖。

一段安穩與長久的關係，其中有個標記，那就是伴侶之間可以深度信任與依賴雙方對神經系統的調解。為了達成這目標，有時候你得暫時擱置你個人的需求，優先考量你伴侶的需要。另外，你也不要覺得伴侶的威脅反應是衝著你來。其實，這些反應早在你認識對方以前，便已內化在伴侶的神經系統中了，根深柢固。所以，避免激化這些反應，反倒要成為伴侶人生中一股強而有力的安撫與療癒能量。

注意，如果你沒有學會如何安撫對方出自原始本能的那頭猛獸，你會被咬。你不能硬碰硬，以攻擊、威脅或敵意來助長伴侶的原始本能。你必須學會在原始本能的耳畔，輕聲提示、細語叮嚀。在愛情關係的狗窩裡，如果你被咬了，那可是你的錯，怪不得狗。

這裡列下幾項教戰守則，讓你成為安定與撫慰伴侶的高手：

- 把你的伴侶視為「歸你照顧」的對象。因此，你有責任去了解對方的脆弱，同時也要知道該如何應對。
- 持續學習如何安撫你的伴侶，不要輕言放棄。
- 留意你的失誤，毫不猶豫去修正。
- 規劃一段不受干擾的精心時刻，藉此對你的伴侶投予高度關注。
- 當你在安撫伴侶時，不要藉機提出自己的需求。
- 善用語言與非語言方式，雙管齊下，成為原始本能的馴服者，隨時耳提面命。

讓彼此興奮開心

興奮的兩情相悅，是讓你們發展愛情關係的起心動念。一如我們在第二章所見，興奮的激情愛意，是會令人上癮的——這不是比喻，是實況。興奮感和咖啡因或其他毒品的成癮物質，其實是相似的，本質上都能直接刺激腦部神經迴路的獎勵系統，讓你開心快樂。戀愛初期的約會所瀰漫的濃情蜜意，是擋不住的自然力量，但要如何開創與延續這份愛意，讓愛情關係長長久久，就得靠你們自己了。

大家都知道，隨著一段關係漸趨穩定後，雙方都可能把一切視為理所當然，甚至因習以為常而索然無味。我們的文化提供許多「面對愛情倦怠」的方法與建議，卻鮮少探討「造成倦怠」的原因。無論如何，從生物心理學的角度來看，這樣的現象其來有自。讓我來解釋。

簡單地說，當你的原始本能接手處理「體驗感」的自動區塊時，你的理性大使則主導新奇玩意兒。你的理性大使為了讓大腦盡速自動化嶄新體驗，它急需大量神經系統的資源。這是你的大腦保存能量的方式，藉此保留足夠的空間來處理新資訊、新體驗。這些處理過程也意謂著，任何新鮮事，很快就成為過眼雲煙的舊事。

你現在應該比較熟悉這過程的運作模式了。我舉個騎腳踏車的典型例子來說明一下。回想你第一次騎腳踏車時，你會留意和專注所有細節。經過幾次嘗試以後，騎腳踏車這件事，逐漸成為不需思索、自然自動的行為。這樣的行為模式與初學開車或學跳新舞一樣。從謹慎摸索，到近乎本能。再舉個例子，當你以遊客身分第一次去法國，第一次參觀巴黎鐵塔時，美景當前，你看得瞠目結舌，盡情享受全新體驗。當你隔天離開當地後，仍意猶未盡，心存讚嘆。再過幾天後，或許你仍覺得巴黎鐵塔讓你印象深刻，但一切已漸趨淡然，你的心態已調整好，準備見識下一個令你讚歎的壯觀美景了。

愛情關係，也不外乎如此：初識時的興奮激情，很快就轉為平淡的司空「見慣」與理所當然。最初，你的約會新人——這位剛剛認識、令你怦然心動的對象——激發大腦，讓大腦活力四射。你的理性大使與原始本能對每一項細節都心滿意足，而你也使出渾身解數，表現亮眼。最初幾次約會中，你的理性大使所需要的新鮮感都如願以償，你的原始本能所需要的熟悉感也都全數具備。不過，你的理性大使很快就開始把新鮮感交棒給原始本能的「自動化」處理機制。這些都有跡可循——你和你的伴侶對這段關係的關注與經營，每況愈下。原因為何？這樣更舒服。這樣也相安無事，而且輕鬆自在。這是感情關係水到渠成的常態吧，對嗎？

如果理性大使澈底退休，從此將所有重責大任都轉交給原始本能的話，那麻煩就開始了。緊接著，新鮮感完全消失，你和伴侶的大腦內隸屬原始本能的檔案夾，開始被歸類為「了無新意」的平淡關係。今後，你開始動輒得咎，屢屢犯錯，因為你們混淆了彼此的現在與過去。你越來越常踩進「誤以為」的假設誤區中，因為你們已把彼此的互動設定為「高度自動化」而逐漸無感。

但人總歸是人，不能等同於腳踏車、汽車或巴黎鐵塔。另一個個體，其實是你大腦前所未見、錯綜複雜的難解之人。就我個人來說，光是這一點就足以讓你對未來的愛情關係心懷憧憬與希望。為什麼？因為「失去新鮮感」的解藥，是重新回到正念思維，有所覺知。那就對了。你駕輕就熟的福爾摩斯審視技巧，不只在約會時才派上用場——無論何處，永遠適用。想要維持雙方的情深意濃，就要在陪伴對方時人在心在、用心關注伴侶一切異常的言行與複雜糾結的狀態。充滿安全感的伴侶都明白，這是保有穩定與長久關係的動力。他們明白自己隨時都處於彼此關照的安全範疇中，也意識到任何疏離冷落，對伴侶來說都等於忽視，只會助長倦怠無聊、淡漠與反感。

那麼，當你們已連續約會好幾次之後，你要如何重燃激情愛火，同時為大腦注入興奮多巴胺，好讓你樂於反覆重返這趟愛之旅？以下三個功課，幫助你不忘初衷，準備再出發。

〔練習21〕

四目交投

想要重新啟動與伴侶之間的愛意，或許最強而有力的方式是透過近距離的眼神凝視。你可以把四目交投當作功課來練習。

1. 挨近你的伴侶，和對方一起或坐或躺在沙發、長椅或床上。
2. 開始練習前，雙方先說好，互相凝視時都不以任何形式觸碰彼此。如果你想說話——譬如說些甜言蜜語，可以互訴衷情；但不宜長篇大論，畢竟這不是進行任何討論或談判的時候。
3. 一開始的凝視時刻只要幾分鐘就好，彼此都很清楚，只要任何一方覺得不舒服，隨時可以終止凝視，結束練習。

有些人覺得這種凝視方式「過於」刺激，以致他們不得不避開眼神，停止凝視。如果你自己或你的伴侶也有類似的同感，那就不要勉強進行。不過，也有很多伴侶發現凝視幾分鐘後，一切漸入佳境而心平靜氣；所以，你不妨試試看。

【練習22】

同歡共樂

雖然把注意力放在伴侶身上是重燃愛火的妙方，但如果完全只靠這招，很可能矯枉過正而適得其反——就像一頓只有純甜點的餐食。你和伴侶也應該在獨處時光與其他同歡共樂的活動之間，取得平衡。重點是要找到你們倆都喜歡的活動，同時還能加入其他人、事或不同任務，你們要很有意識地一起融入其中，並藉此開創彼此共享同樂的興奮感。

你可以來練習一下。

1. 建議你的伴侶一起坐下來，好好討論你們能以伴侶身分進行哪些有趣好玩的事。例如，你們可以考慮一起參加攀岩課，一起拍攝日落的夕陽美景，或一起參加讀書會，或找三兩好友一起去吃飯、看電影……或以上皆來吧！
2. 把日期預訂下來。換句話說，落實剛剛討論的計畫，照著計畫走。
3. 然後，互相查證與確認。你們不需要對某項活動都有一致的喜好，才能共創同歡與同樂。當然，如果過程中的某個點對其中一方是個炸開的雷區，那就下不為例了。除此之外，請密切留意你們如何因分享的快樂而拉近了彼此的關係。

［練習23］

放大共享之樂

我所謂的互相「放大」，指的是把你獨樂樂的事，與你的伴侶分享，讓對方也感染與共享你的快樂。你的快樂透過分享，而加倍放大了。當你的伴侶也對你如法炮製，那你們所分享與放大的快樂，則相互加成。這項練習可以私下進行，無須預先告知伴侶。

1. 下一次，當你獨自做些令你興致盎然的事，不妨中途暫停或事後和你的伴侶分享。比方說，如果你在閱讀一本書，直接和伴侶分享。如果你報名參加一個有趣的課程，邀你的伴侶和你一起坐下，藉機與對方分享你的收穫與心得。
2. 這裡的關鍵是考驗你如何把伴侶帶進來。不過，製造雙方的競爭對立比較難以放大共享之樂（譬如「我讀的這本書比你之前讀的那本更好！」或「你知道多少？和我一樣多嗎？」）；反之，你若善用分享的方式，更能讓伴侶融入你的生活，因相知與共鳴，而讓你們愛意更堅定。其實，你最想傳遞的基本訊息就是：「我喜歡和你在一起，所以我想和你分享這些。」

3. 即使你沒有明確邀請伴侶參與這項練習，但你若秉持分享原則來啟動關係的新鮮與趣味，那你的伴侶很可能會不自覺仿效這些相互激發的循環，而回饋更多。最終，這就落實了「放大共享之樂」的精神與行動。

參考下列這些原則，幫助你維持關係中的趣味與熱度：

♥請接受這事實：激情與新鮮感會隨著時間而煙消雲散，取而代之的，是切換成自動駕駛的關係模式。

♥拒絕接受「你無法重燃關係熱度」的負面思維。

♥以正念思維的關注，來面對你的伴侶，以此稀釋所有理所當然的「全自動化」過程。

♥不要投入太多雙方無法一起參與或互不相干的獨樂樂活動。

♥努力找一些可以和伴侶共享樂趣的活動，培養關係中的自發性與新鮮趣味。

♥不要把自己的興趣強加於伴侶身上。

♥要常常對伴侶表達類似「我很開心能和你在一起」的心底話。努力尋找新方法來具體落實這些表白。

衝突的藝術

當你開始約會時，雙方的第一次衝突，恐怕把你嚇壞了吧！你可能會害怕退縮，甚至心想你們的關係就要走向盡頭了。不過，我想在這裡告訴你：好好衝突，是一門藝術。如果你無法掌握與伴侶之間「好好吵」的訣竅，那或許意謂著你還沒有深入「好好愛」的深度。關係安穩長久的伴侶都明白，「深愛與衝突」之間是密不可分的存在，並行不悖。衝突不意謂著關係的結束，也不應該造成危及關係的威脅。

我在第二章提到「催產素」這神經化學物質，通常會在關係的後半段，扮演重要的角色。現在是時候重提這件事了。具體來說，研究已發現催產素會直接影響一個人對長久關係的經營能力，同時也與個人是否具備同理心、信任、支持、慷慨與溝通能力息息相關。其中就包括我們如何衝突。碧特・蒂曾（Beate Ditzen, 2013）博士和她在歐洲的研究團隊發現，比起沒有使用催產素的夫妻，衝突期間服用催產素的夫妻具備更好的溝通能力。雖然這些成效對男性與女性的影響大相逕庭，但就處理衝突的能力來看，催產素的作用確實有其功效。

無論如何，可千萬別誤解了。我絕對不建議你在預感衝突即將爆發前，猛用催產素噴鼻劑。不過，好消息是，催產素是可以自然增生的。這項神經化學物質是在一來一往之間，雙向互增的。譬如：催產素會引發同理心，而同理心也會釋放催產素。你大概知道我要說什麼了吧。所以，你現在就可以先沙盤推演布好局，以增加催產素的方式來提升一場「好好吵架」的可能性。

其實，你剛剛做的一些練習，例如四目交投的凝視，便是提升催產素質量的超有效方式。你也可能在進行這些練習中注意到逐漸增溫的親近感與信任感。以下一些提示與練習，特別為衝突情境量身打造，但都是為了達到同樣成效的目的。

輕鬆疏導

當我在本章開始論及安撫伴侶時，我也談到快速修復的重要性——提供安撫與疏導，確保你和伴侶的神經系統協力運作。在發生衝突的狀況下，這項原則其實更適用。衝突期間的輕鬆疏導，意謂著：承認一開始爆發衝突時，確實存在分手的威脅與傷害的可能性。這個想法是希望你能透過放鬆神經系統，第一時間就將蓄勢待發的衝突火苗速速撲滅殆盡，盡可能降低你的威脅感。這些過程會讓你的原始本能卸下心防，並允許你的理性大使介入並掌控全局。

東尼與朵莉思，一對二十多歲的伴侶，經過八個月的約會交往後，決定一起同居。東尼因為回到學校繼續研究他的藝術課程，經濟條件不夠寬裕而買不起兩人共居的大空間，於是，他們決定先搬進朵莉思的公寓。這對朵莉思無疑是個挑戰，她在自己的公寓裡已住了好幾年，前前後後也做了不少修繕工作，對東尼來說也不容易，他其實也不太習慣和別人共用一個空間。

「有你在這裡，我真的很開心。」朵莉思說，「你有超高的藝術品味，比我的好太多了，所以我知道你會想要換掉一些我家牆上的掛畫。不過，能不能稍微等一下？我現在還想保留原來的樣子。」

「真的嗎？」東尼提著行李箱踏進女友屋內時，一邊回應女友的要求。

東尼驚訝的聲調似乎間接確認了朵莉思最深的恐懼與不安。「好吧，」她說，「所以，你覺得我的藝術品味真的很糟糕是嗎？」

「不不！」東尼放下行李，走向朵莉思，「對不起。我知道我是個自以為是的藝術傲慢派。我承認。但大部分情況下，你喜歡的，我都喜歡。差別只在於，藝術是我的工作與事業，就這樣，你了解了嗎？我在賣藝術品。但是我不是來這裡和你的藝術一起生活；我來這裡是因為我愛你。你太可愛了。這個空間的任何東西，我都不會更動……至少到目前是這樣。至於未來嘛……」他瞇著眼，歪斜著頭，故意打趣說道，朵莉思完全明白東尼的意思。

「好，可以，」她說，「但我要參與整個選擇的決策過程。行吧？」

「當然啦。」東尼回答。

在這案例中，東尼實際展示了輕鬆疏導的言行。他能當下察覺朵莉思的表態是出於威脅感與不安，於是，他立即安撫朵莉思，並向她再三保證，讓她安心。與此同時，東尼也讓朵莉思知道，他們未來仍然會以「免受威脅」的舒坦方式，來持續面對與解決這個問題。

以下是讓你參考使用的各種陳述與表態，幫助你在一觸即發的潛在衝突與互動中，四兩撥千斤，輕鬆疏導，避開戰爭。

♥「對不起。我不曉得你會有這樣的感受。」

♥「我想你是對的；我是嫉妒。」

♥「你這麼說真的讓我感覺很受傷。」

♥「我知道我們雙方都對這議題感覺很強烈，不過，也許我們能試著講出來，談一下。」

♥「我希望你能如實告訴我你的感受，無論什麼都可以說；不用擔心我是否能面對與處理。」

♥「我們可以先坐下來再好好討論嗎？如果我們能一起正念呼吸，我想會幫助我們更容易談論這些難題。」

♥「過來給我一個擁抱吧。即使我們現在沒有四目交投的互相凝視，你應該知道我有麼多愛你，是嗎？」

♥「我們剛才真的各自表態，各說各話。不過，在我們深入討論這些細節之前，我想確認一下我們之間的狀態都還不錯，是吧？」

這些陳述與表達提供令人安心的保證，真的能讓神經系統放鬆舒展。除此之外，這些表態還能訓練大腦自動記取這些經驗，為下一次做準備。未來，當雙方矛盾加劇時，你的原始本能比較不會切入生存模式而高度戒備、警鈴大作；因為原始本能會以平常心來面對「輸掉一場衝突」，它們在面對主人的事與願違或想要而不可得時，也不再擔驚受怕。

【練習24】

穿對方的鞋，感同身受

所謂「己所欲，則先施於人」：你想得到什麼，得先確保你的伴侶是否也得到他們所欲求的。最優秀的談判者，通常都深諳此道。他們對對手的背景與期待瞭若指掌，掌握他們的恐懼、希望和渴望。他們經常以對方的欲求為溝通導向，讓對手卸下心防，輕鬆面對。想要贏得衝突、如願以償，其實也不需要成為專業談判者。不過，你確實需要把雙方的相互關係、合作夥伴與關懷對方的最大利益，都考量在內。

這是專為「暗流洶湧、尚未爆發」的情境量身訂製的練習，當然，也許做決定當下與之後便可能引發衝突了。

1. 下一次當你和伴侶要決定約會地點而你們都提出不同的優先選擇時（例如：你選了某家餐廳或看電影、而你的伴侶卻想去另一家餐廳或看另一部電影），顯然兩人意見相左，那雙方來討論一下。先詢問你的伴侶，若要二擇一的話，對方真正最喜歡的優先選項。然後，留心聽對方說。

2. 接下來，穿上對方的鞋，理解對方的感受。如果你的伴侶覺得某家餐廳的沙拉醬簡直是世界級美味，所以特別想去嚐嚐看，你認同嗎？你能不能對此提議，因感同身受而共情共鳴？

3. 最後，衡量一下你是否對伴侶的選擇衍生強烈的理解與共鳴，以致你甘心樂意捨棄自己原來的不同意見與堅持，至少這一次的約會你願意這麼做。若是如此，你已完成決定了！

穿上伴侶的鞋去感同身受，不表示你必須常妥協或犧牲自己的渴望，把對方的選擇置於你自己的需求之上，或只能委屈附和。當然不是。記得，你是朝著

「相互關係」的目標努力。不過，你確實也需要先提升自己的意願，優先關注伴侶的需要而暫時擱置自己的欲求，至少某些時候需要這麼做。由此便展示了這項功課的價值——練習發掘與體驗感同身受的引導力。

以嬉鬧化解衝突

安全型特質的伴侶，是活潑有趣的。他們自我解嘲的幽默與開放，足以包容任何火藥味的互動。是的，過程中幾乎快擦槍走火了，卻又同時嬉笑戲謔。那種過程就像你小時候很期待和爸爸或媽媽一起享受的調侃逗弄，玩性十足。主導「喚醒調解研究」（Arousal Regulation Research）的專家蒂芬·佩奇（Stephen Porges, 2009）指出，參與打鬧戲耍的哺乳動物通常會保持視覺接觸。他舉了「人狗玩樂」為例說明。如果你曾經不小心侵犯或傷到一隻狗，你可能會注意到這隻狗會立即盯著你看，想藉此和你「眼神確認」、尋求保障。換句話說，狗並不會假設最糟糕的情況；牠反倒想刻意啟動——甚至有必要的話則重新啟動——對你的信任，以確保所有行動都在嬉戲玩樂的範圍內。這一切人狗互動，都透過視覺接觸來達成。

人與人之間的互動亦然。如果你和伴侶已劍拔弩張，衝突一觸即發，請先確保你們之間的距離相近得足以看到彼此的眼神。我們在第二章內容曾提過，大腦接收威脅的反應系統，通常會在人們匆匆一瞥或瞥見臉部側面時，變得更活躍與衝動。這在很大程度上，與眼睛的構造很有關係。中央窩——視網膜黃斑部的中心點——雖然只有針尖般大小，卻負責掌管精細的視覺，讓我們能以高解析度的視域看清世界。在這區塊以外，我們就進入名副其實的「盲區」了。我們之所以還能看到這個區域以外的景物，嚴格說來，其實那是透過眼球快速移動來彌補的結果。因此，如果你們一邊開車或並肩走路，一邊討論重要事件時，你們對威脅感的訊號會更容易解讀錯誤而提升誤解機率。如果只透過電話，或電子郵件、簡訊等溝通形式，則更不理想了，這些無法面對面的互動，很可能會讓原始本能與理性大使雙雙都誤判情勢，後果堪慮。當然，你們當下若是心心相印時，無論開車、走路、講電話或發簡訊，怎麼溝通怎麼好；問題就在伴侶雙方都開始醞釀負面情緒或需要調解彼此的神經系統時，缺乏面對面的眼神交會肯定是溝通大劣勢，甚至會激化衝突。

一起同住生活幾週後，朵莉思發現東尼習慣把衣服隨手亂放而不收，這讓她越來越受不了。朵莉思提醒了幾次，但一直不見改善，她開始不耐煩，心生怒氣了。

「好吧，帥哥，」朵莉思開口了，「你別想就這麼邋邋遢遢的就給我走過去。」朵莉思身體倚在門框上，雙臂交叉胸前，歪斜著頭，對剛走進屋子裡的東尼眨眨眼。

東尼嘆了口氣，把夾克外套隨手往地上一扔，順勢問道：「你指的是這種邋遢吧？」

「對啊！」朵莉思沒好氣回答。

「哎唷，這就是為什麼你需要在這裡啊！」東尼露出調皮的笑容。

「過來接受你的懲罰吧！」朵莉思對著東尼勾了勾食指，作勢要訓人，「但在受罰前，先把你的夾克撿起來。」

「你要我做什麼都行。」東尼邊回答邊撿起夾克，不忘給朵莉思一個吻。

「欸，你現在看著我的眼睛，來，告訴我你以後都會乖乖把東西撿起來收好。」朵莉思揪住東尼的衣領，「不然，我可要像訓練一隻可愛小狗那樣來訓練你喔。」

「就這麼說定。我不介意被你訓練。不過，你能不能幫我做一件事？」

「什麼都行。」

「我喜歡你的幽默感，而且我也很愛你，但是當我踏進屋子裡時，能不能用一些比較溫柔的方式來迎接我……然後再告訴我犯了哪些錯，好不好？」

「對不起啦，」她說，「好好好。我想我剛剛是有點開始生氣了，但我不想把生氣的情緒延續到晚上嘛。」

東尼親吻了她。「謝謝你。我真的希望你把所有讓你煩心的事都告訴我。但最好不要是我一進來就對我說的第一件事，可以當第二件事來說。」

你可能會覺得東尼和朵莉思的關係太恩愛了。這也難怪，他們的戀情才開始不久，所以自然會保留幾分客氣與謹慎應對。雖然如此，我們還是能從這個案例中看見伴侶如何在不恐嚇、不威脅、不究責的情況下，好好表達彼此在乎的重點，並影響對方。東尼與朵莉思的關係一步步朝向成功的方向前進，因為他們能互相輕鬆疏導，擁有感同身受的共情力，又能彼此欣賞與接納，而且能在不引爆衝突的前提下，以詼諧嬉鬧的方式，各取所需，同時明確表達個人需求。

這裡提供一些與伴侶「好好吵架」的原則，讓你參考：

- 在你與伴侶的衝突戰火一觸即發前，先確認你們處於看得到彼此的近距離空間內。
- 不要讓自己置身對方的側邊，確保你站在伴侶前方，面面相覷，雙方眼神對視。
- 不要在電話裡爭執，也不要透過電郵或簡訊隔空開戰。
- 不要只專注於你個人在乎的事、需求與渴望；還要理解你伴侶的需求、渴望與在乎的事，而且能清楚表達這些關切。
- 記得，輕鬆疏導。只在放鬆舒展的情境下，才開始跟對方解釋、辯解或反駁。
- 不要假設你的伴侶能深明大義去理解你本性親切溫和、不具威脅性。
- 善用你的理性大使來研擬出雙方都同意的解決方案。再啟動你的原始本能去感受與同情共感。
- 切勿在兩人關係中，活得像自己一人的獨角戲（或自命不凡，覺得自己最重要）。

關鍵提醒

如果你閱讀本章的目的是想要一勞永逸解決「永遠避免與伴侶衝突」，甚至以為能找到「衝突中旗開得勝」的良方妙計，那你應該已經發現，我並沒有提供這些內容。當然，如何與你的伴侶協調雙方的差異與分歧的觀點，確實有許多值得討論的議題；多得可以單獨寫本書來深入探討了。但我想把重點放在這裡：如果你渴望與伴侶和諧共處，我希望你能明白與在意你們雙方的神經系統在這段長期關係中扮演了非常重要的關鍵角色。如果你可以把前幾章所學到的正念思維與自我安撫當成基礎，再進一步拓展互相安撫與彼此調解的能力，那我深信，你將在這段關係中掌握最強大的工具，如魚得水，穩操勝券。

第十章

分道揚鑣

「你永遠都不會改變。」安琪哭著衝出和男友麥吉的單房公寓。小倆口交往了九個月，最近才決定同居。

「拜託，別再這樣嘛。」麥吉緊跟著女友到門口，他的聲音裡混雜著受挫無奈，與一絲希望，「我知道我讓你失望。但那不代表我不愛你啊，寶貝！拜託讓我們冷靜一下，給我一些喘息的空間，好嗎？不是每一件事都可以按著你期待的進度去做啊。我的意思是，你看嘛，我們現在打造了一個屬於我們的新天地，這已經遠遠超過我以前會做的事，對嗎？」

「做了那麼多，吵了那麼兇，才只有這麼一點點進度，太辛苦了。」安琪說，「我不覺得你明白我的意思。要嘛你不了解女人，要嘛你不了解我，或者你根本就是個大白痴。我們聊到結婚時，你就用約會來和我打馬虎眼，然後又不繼續跟進和努力。你老是在逃避，我不知道啦，也許你根本就不想結婚吧。我們談生小孩，你看起來好像很興奮喔，然後轉頭就不當一回事，好像我們從來沒說過。這真的很扯，太讓人抓狂了！你要長大好嗎，麥吉！我媽說我正在浪費我人生中最美好的年歲。我很愛你，但我們的未來在哪裡？我真的看不到，我也不想再跟你這樣瞎耗下去。我已經沒辦法了。」

麥吉低垂著頭，不發一語，手上握著杯子，裡頭還剩下一些啤酒。「好。所以，你要離開我嗎？」

安琪的語氣稍有改變。她看著麥吉，以嚴肅口吻說：「我很抱歉。我知道我已經發飆兩次了。但這次我是認真的。我值得更多珍惜和努力。而你也不需要面對一個老是對著你嘮叨抱怨的女人。我今晚就搬走。我媽和我哥會來幫我搬東西。我看你也不會想待在這裡，反正你跟他們任何一個人都處得不好。」安琪說罷，停頓片刻，然後關上門。麥吉從門內仍聽到安琪低聲說：「對不起。」

即使你已竭盡所能，努力發展一段安全感又長久的穩定關係，但很可能事與願違。確實遺憾，因為關係的經營是不掛保證的。雖然我可以提供一切方法來提升對你有利的優勢，但到底每一位接觸的潛在伴侶是不是適合你的理想夥伴？充滿未知與變數。我心中瞭然，所以特別把分手相關的內容，寫成一章收錄於本書。

和約會一樣，如何提分手，也可分成優劣成效等不同方式。你在前幾章所學的大部分內容，其實都適用於結束一段關係。希望透過解讀上述安琪與麥吉的故事，你能對此悟出幾分道理。根據你能理解的脈絡與狀況，或許你已找到這對衝突中的伴侶之所以會走到盡頭的原因。比方說，安琪在對話中提到麥吉和她家人之間的敵意，暗示這對情侶在關係確認前沒有澈底執行互相審視的過程——或至少他們其中一人並未聽取與接受審視後的建議。

我們要在本章討論你應該（或慎重考慮）結束關係的原因；當你已認定分手是最好的決定時，接下來就要想想，如何好好分手。有時候，伴侶雙方能共同決定終止關係（諷刺的是，這些理性分手的個案中，有不少伴侶其實最不需要走到分手的結局）。但最常見的分手情境，是由其中一方首先提出。因此，我們要特別關注這兩種狀況：當你的伴侶可能並不想分手時，你該如何回應？當你的伴侶主動建議分道揚鑣時，你要如何面對？

為什麼有些關係就是走不久？

當我們準備檢視一些無以為繼的關係之前，容我先示警：每一段失敗的兩人關係，很少源於一人的過錯。

「怎麼會這樣？」你問，「失敗就等同過錯，不是嗎？」

答案取決於你如何看待「過錯」。從生物心理學的角度來看，我們都知道，人是最錯綜複雜的個體，兩個複雜的個體所建立的關係，當然就更錯綜複雜了。任何一段愛情關係，都牽涉到兩個人，兩顆腦，兩套神經系統，兩個家族背景。可想而知，戀愛雙方都無法充分掌握各種後果。由此可見，雙方都可能有錯。還有一點值得我們正視的是，究責怨懟，並不能挽救任何節節敗退的關係。

所以，寬以待己吧。如果你們結束關係了，請不要灰心喪志。重點是你已竭盡全力。而且你在持續學習中，一次比一次好，越來越好。這本書的目標不是引導你隨意找個伴侶，而是幫助你找到那位與你共創安全感與穩定關係的伴侶，這樣的關係是建立在真實的互相關照、平等正義與敏感的基礎之上。有耐心，也給自己充裕的時間。

我認為，把關係失敗的一些主要原因列入考量中，是有助益的。如果你回頭看看本書開宗明義的導論，我曾列下一段安穩長久關係中所具備的五項特徵，你會發現這些特徵與關係失敗的原因，息息相關，相互牽連。簡而言之，若不遵守安穩長久的關係發展原則，極有可能會走向盡頭；這是可預期的後果。

原因一：至少其中一位伴侶在關係中保持若即若離的心態

表面上看來，這是「承諾無能」的體現。在安琪的個案中，她抱怨麥吉空洞不實的承諾，穩定約會後，就缺乏動力去跟進與努力。比起不給承諾的傢伙，麥吉好多了，他承諾時可是從不猶豫的——只是他的意願與行動力跟不上他的承諾。始終保持關係的若即若離，是會衍生患得患失的潛在危機感。另一方不僅感受不到被保護，甚至常處於缺乏安全感的狀態中。你可能認為只要雙方都保持這樣的立場，久而久之就會相安無事或水到渠成。或許在初期確實可以風平浪靜一段時間，但我可以預期這樣的關係進展與未來恐怕走不久。即便因為某些因素而持續下去，但這樣的關係品質仍不符合安穩長久的伴侶關係。

原因二：其中一位伴侶、或雙方都是強烈島嶼或浪潮型

我之前曾清楚表明，雖然一般情況下，不同的島嶼／浪潮型伴侶要克服的挑戰，要比兩個錨定型伴侶更艱難，但也有「島嶼或浪潮」的成功伴侶組。在上述例子中，安琪顯然是浪潮，而麥吉則是典型島嶼男。難道這是導致分手的唯一原因嗎？當然不是。但是否為關鍵理由之一？肯定是。尤其他們本質上若屬強烈島嶼本性或超級浪潮特質，相處起來就更棘手了。各種關係中的公平、正義與敏感問題，都會因日積月累而常態性爆發，除非兩位伴侶都學會如何配合、包容與欣賞彼此身上迴異的個性，否則，長遠來看，很難一起好好走下去。

原因三：伴侶不留意或不修復創傷

和諧親密的關係，從來不是因為行為完美無缺，而是願意認錯、彌補與修正自己的言行。一切都離不開「修復」。何時開始？一如我們上一章所提的，從約會初期就需要開始學習。有些人長期飽受痛苦與創傷，但因缺乏自我察覺，竟轉而對伴侶言行粗暴，以為可藉此逃避責任。也有一些伴侶則渾然不覺自己已造成對方傷害。表面看來他們好像根本不在乎，但也有一些人其實真的無能判斷他們的伴侶是否幸福快樂。或許，最常見的分手因素是沒能及時注意到傷害，也沒有任何修補與回應。

原因四：身為團隊，伴侶不善於調節彼此的內在狀態

兩人為主的小團隊，不只要開創與共享精彩生活的樂子，也需要互相分擔與減輕彼此的憂傷與負擔。力有未逮的伴侶，共處起來就像走鋼索，隨時可能踩雷而引爆。他們只能停留在初識時類似上癮的激情階段，那段大腦不斷釋放多巴胺的階段。除非他們能學會發展一種由大腦血清素主導——更安靜與穩定的愛情，否則，長遠來看，他們所感受的興奮刺激恐怕無法在輕鬆自在的關係下，找到理想的平衡點。缺乏調節能力的伴侶，一旦面對繁瑣尋常的生活壓力時，很可能會以內耗與崩潰的方式爆發。甚至可能反目成仇。他們從來就不希望會走到這一步，但他們缺乏方法來修復與改善。控制威脅感的能力，是考驗一段關係是否成功的重大因素。無法互相調節、彼此舒緩的伴侶，走向分道揚鑣的下場，是遲早會發生的意料中事。

原因五：沒有「優先順序思維」的伴侶

有些家庭重視關係，關係凌駕於外表、表現、照護或任何事物；來自這種「關係優先」環境下的伴侶，在約會過程中占盡優勢。他們理解，對方的重要性完全不受其他潛在競爭目標所撼動，而且需要確保彼此在這段關係中的優先順位。我所謂的競爭對象姑且稱之為「第三方」，可以是任何他者（例如孩子、雙方父母、前任）、工作、任務、興趣、毒品、酒精、色情等其他占據你的心思意念的人事物。當然，這些「第三方」可以與伴侶系統和諧共處，只要伴侶雙方都有共識——彼此的關係才是永遠的第一順位。當兩人開始約會時，這些問題或許還不會被突顯，但如果繼續交往下去，這議題就茲事體大了，不可不慎。

原因六：沒有伴侶圈圈

如果他們已經約會交往一段時日了，建議關係確認的伴侶，應該可以自創屬於兩人的伴侶圈圈。這個圈圈是建基於彼此對優先順序的共識。當然，伴侶圈圈也可以彰顯我一再提及的安穩功能等其他特質（比方說安全感、快速修復創傷）。如果說，有什麼東西可以保障一段關係可以天長地久走下去，我會力推「伴侶圈圈」。當然，圈圈需要時間來成型與強化，但若少了它來鞏固關係，每一段關係其實都脆弱得不堪一擊。

你該分手嗎？

決定結束一段關係，從來不是輕而易舉的事。假設你已進入約會階段好幾個月了（或甚至一年），也開始認真計畫要往前走向審視與公開的過程——介紹你的潛在伴侶給你的家人朋友認識，私下小心翼翼進行福爾摩斯式的觀察與查證。走到這一步時，你可能覺得自己已投入不少心力在這段感情中了。如果一切水到渠成，進展順利，那真的太棒了。若然，你可以準備好和你所愛的人，進入下一個階段了——我們將在下一章特別討論這方面的議題。不過，也許你的內心深處開始出現以下其中一種感覺：你已決心要放棄這段關係，或者，你猶豫不定，掙扎是否該結束關係？

如果後者的描述符合你的心境，那這裡列下一些提問，可以讓你問問自己。我需要先釐清一件事：任何人都不應該只根據一本書中的問卷來決定結束一段關係。雖然如此，我認為你也會同意，這些問題並非無的放矢。事實上，這些提問和所有這段時間我們所討論的內容息息相關。因此，請你從本書所讀到與學到的脈絡下來思考這些問題，讓這些問題一一呼應與引導你的決定。

1. 你自己或這位伴侶對這段關係，一直以來都保持若即若離的態度嗎？
2. 對你或這位伴侶來說，你們相處起來是否很難感覺輕鬆與舒坦自在？
3. 對你或這位伴侶來說，你們相處起來是否很難感覺內外在的安全與安心？
4. 這段關係曾經發生過任何虐待或暴力行為嗎？
5. 你或這位伴侶是否抗拒與對方發生性行為？
6. 你或這位伴侶的其中一人，是根深柢固的孤島型或浪潮型的特質嗎？
7. 你是否很難辨識這位伴侶有何感受？
8. 這位伴侶對你的感受，是興致缺缺或絲毫不在乎？
9. 你或這位伴侶是否很難做到彼此安撫與舒緩？

10. 你或這位伴侶曾經讓第三方（例如某人或某項任務）凌駕於你們之間的關係之上？（注意：這可能包括情感的欺騙或背叛，或許沒那麼嚴重但也可指其他侵犯你們關係的他者）
11. 如果你或這位伴侶感覺內在受創或身體受傷，另一方是否無法及時修復與正視？
12. 你和這位伴侶曾經試過聊聊你們之間的差異，但談不下去，無疾而終？
13. 你和這位伴侶經常發生惡意的激烈衝突？而且事後並未尋求解決辦法？（留意：問題不在於你個人是否覺得衝突）
14. 你和這位伴侶是否已試過在某次或數次場合中，提過要分手？
15. 你和這位伴侶會互相保密嗎？
16. 你和這位伴侶在一起時，是否沒有未來感？
17. 無論透過你的家人朋友或和這位伴侶的家人朋友進行過任何背景審視等綜合結論，都是負面結果？
18. 你是否認為，伴侶圈圈根本還沒開始在你與這位伴侶之間成形？

我其實是刻意把提問清單列得鉅細靡遺、冗長些，坦白說，如果你對這些提問的答案，大多是肯定句的「是」，那你其實已具備十足充分的理由來結束這段關係。我無意提供你任何精準計算法來算出你需要多少「是」的答案才得出這結論或符合分手條件。你心目中認定的分手關鍵點，很可能和另一個人的分手原因會因人而異。但如果你們之間曾經發生任何形式的施虐或暴力行為，無論如何，你都應該立即終止這段關係。除此以外，當你越深入發掘這些問題、回答得越多，你的立場會越搖擺不定，那或許正說明了你確實該深思熟慮，好好想想此時此刻與此人繼續約會交往，是否明智之舉。

如何說再見

分手，從來都不容易。縱使你百分百確定自己要結束這段關係，一旦要開口對伴侶提分手，依舊困難重重，尤其對方如果不同意或悲憤交加時，則難上加難。事實上，具備安穩與長久關係的原則，不只適用於你的約會情境，也可以在談分手時派上用場。聽起來似乎相互矛盾，但其實不然；讓我們來看看以下範例如何落實這項原則。

和之前吵著分手的情侶檔安琪與麥吉不同的是，以下這段對話的兩位伴侶，原則上對分道揚鑣的想法已有共識。或許他們其實不希望分手，甚至對分離這件事仍感心痛不捨，雖然如此，他們還是願意一起理性面對未來的發展。或許這對伴侶都是錨定型人格，但也未必是。重點是他們都能自我察覺，發揮正念思維與行動，以最高的平等、互相善待與敏銳等特質，來遵守安穩長久的關係原則，一起參與終止關係的決定。

來認識一下德魯與喬治，他們已經約會交往近一年。兩人都四十多歲；德魯之前剛結束一段長達十年的感情，而喬治則有過好幾段短暫的關係，但長期處於單身狀態。他們是在網上交友認識彼此，一見傾心，兩人很快就確認關係，正式交往。現在是週六早上，兩人坐在喬治的客廳，剛剛才一起享用了德魯準備的早餐。

德魯：我知道我們都不想開啟這樣的對話。但我知道我們其實真的需要這麼做，我相信你也贊同。

喬治：是，我知道你想要說什麼。對呀，我和你有一樣的感覺。

德魯：（一次深呼吸，調整一下正念思維，與喬治眼神交會）首先，我希望你明白這段一起相處的時間，對我是意義深遠的。拿世界來和我交換我都不願意！你是個真性情、溫暖又充滿樂趣的人。和你一起出門旅遊是我這一生中最美好的時光和經歷。就算只是安安靜靜的在一起，譬如像今天早上這樣，我也覺得很棒（停頓片刻）。但同時呢，嗯……我也不得不承認，有些東西就是……沒辦法。

喬治：（潸然淚下）這真的難以面對。我很欣慰你願意先提出來，因為，坦白說，我覺得自己辦不到。

德魯：很難，我了解。尤其想到我們已經那麼努力試了又試，想要找出對我們可行的出路。

喬治：（打起精神來）我想知道的是，這些過程對你來說，真的意謂著什麼嗎？我的意思是，為什麼我們不能再給彼此一次機會，再試一次呢？

德魯：（搖搖頭）我知道──我和你一樣挫折灰心。但我不認為再試一次會有什麼改變或突破。而且，我也認為再拖下去對我們任何一方都沒什麼好處。

喬治：也許你說的對吧⋯⋯

德魯：讓我試著用語言來表達我所經歷的一些體會。我期待我們雙方都能理解，這不是抱怨或指責。對我來說，我只覺得大部分時間過得很孤單。你可以待在工作室畫畫，我似乎找不到一件值得我完全投入去做的事。我覺得自己更像個需要幫助的脆弱小孩。

喬治：我知道我一專注於工作，就會過度投入到忘我，然後就活在自己的世界而搞失蹤。我真的很抱歉。請你相信我還是很在乎你，這和我投入畫畫是兩碼子事。這只是我內在的運作邏輯和工作模式。

德魯：我知道。重點是，那就是你啊，我不想要改變你的這些特質。我很尊重你的藝術創作。如果可以的話，我多麼希望自己也能擁有你那樣的藝術天賦。

喬治：是。我們其實真的都很努力想要改善這些狀況。但不曉得怎麼了，它就是行不通，就是一錯再錯。

德魯：其實我也不認為你這是忽略我，或越來越不愛我，或想要欺騙我。我知道你都不是。

只能說，我對愛情關係的需求和你不同。我需要更多親密感，也需要更多兩人分享的精心時刻。就好像……如果我們一起做生意或經營其他事的那種……很親近的感覺。只不過，那不是我們接下來要做的事。

喬治：你知道的，我們很少吵架。很不像我以前談戀愛的時候。

德魯：有時候我倒覺得如果我們能多吵點，也許會比較好。我的意思是，我們曾經有過的衝突，其實都是為了芝麻小事在吵。看起來我們好像都不知道如何為了重大的議題起衝突。

喬治：其實，我真的找不到任何重大議題可以和你吵。

德魯：（笑）嗯，好吧，我也同意啦。

喬治：所以，說到底，最根本的問題和差異，就是我們的需求大不同，對吧？這一點，我確實也不能否認。

德魯：我下個月要出公差。我想，不如就把這趟出遠門當作我們這段關係的過渡期吧，這對我們都比較容易接受。

喬治：所以，你的意思是……就這樣？

德魯：（嘆氣）我覺得，這種不拖泥帶水的分手，比較適合我們啊，你不覺得嗎？

喬治：嗯，我想也是。不過，我們還是可以成為朋友吧？

德魯：我不確定我目前的心境要如何接受你的這個提議。不然，我們都給彼此一些時間來調適吧，好嗎？等我出差回來之後，我會和你聯絡，看看你過得怎麼樣——也了解一下彼此的狀況如何。也許到時候再看我們的感覺吧！

所以，我想你可以看出德魯與喬治之間的對話，充分體現了彼此尊重的精神，不但自我調節，也調節對方的神經系統。你或許會認為：「如果兩人的關係已經糟到不得不分手，你怎麼還可能期待他們正面處理，積極回應？」從我的角度來看，無論你處於哪個階段——約會、分手或慶祝你們的結婚五十週年紀念——真正的重點是，每一時刻都是更靠近「關係安穩」的機會。總之，這一路都是學習的過程。因此，無論你現在學到什麼，都可以落實到你的下一段關係中，不斷進取，提高成功的機會。

這裡提供一些引導與原則，適用於大部分的分手狀況：

- 和你的伴侶私下面對面談。
- 約談的環境要安靜、安全；一個讓你們雙方都覺得自在的地方。
- 隨時檢視你的身體是否出現起伏的緊張情緒，然後，把張力釋放。
- 表達你對這段關係的正面看法，而非只有負面評價。
- 清楚說明分手的原因。
- 彼此聆聽。

- 堅持你的決定。
- 澄清一切與分道揚鑣相關的後續安排和去向。

如果你主動想提分手，對方的反應與狀況在你看來，要嘛對方還想繼續，要嘛對方怒不可遏，而讓你難以分辨到底他／她想不想結束這段關係；如果是這樣的話，你的分手任務恐怕會更窒礙難行。你還是可以把保持「關係安穩」模式作為努力的目標，但要看當下狀況來適度調整作法。例如，你的伴侶若一直爭辯不休或激烈的針鋒相對，那你可能需要縮短討論的時間。一如我重申的立場，一旦出現任何施虐或暴力（或甚至任何威脅與勒索言論）狀況，請立即離開現場。

如何接受分手

說實話，如果你的伴侶主動且堅持要和你分手，但你並不希望就此分道揚鑣，那接受事實的最佳出路，就是聚焦於我們剛剛討論過的正念思維與啟動關係安穩的模式，並朝這方向努力。一段安穩長久的關係模式是相互的，所以你不會因為拒絕分手而獲得任何好處。想想看，如果對方已經沒有意願再和你繼續交往了，就算你想方設法說服對方同意也無濟於事，毫無意義。所以，繼續對話與討論下去，好好聆聽你的伴侶要說的話，同時分享你的感受，但要帶著正念思維、體諒與關切的方式進行。同時也請你認清一件事：不管你對這段感情曾經抱持多高的期待，記得，天涯何處無芳草，大海裡還有很多魚，放手吧。

關鍵提醒

無論這場關係告別是彼此協議後共同的決定，或你或對方主動提的分手，無論前提為何，分手對話之外，給自己一些時間安靜沉澱吧。你也可以在這段時間與支持群體中的家人與朋友相處。不要倉促投入另一段新關係中。你可以根據和分手伴侶所發展的關係深淺，來判斷你可能需要暫停約會的時間。讓自己沉澱、重新整頓一下。當然，也不要讓分手澆滅了你重覓良緣的熱情，你還會找到更適合你的新關係。

如果我們能把每一件事都做得盡善盡美又無須提前學習，那就太好了。人生就會輕鬆簡單得多。但我們都知道不可能啊。我們都是邊學邊做、邊做邊學。而在處理與學習的過程中，難免磕磕絆絆，甚至一敗塗地。希望我們都能從失敗中學習，從懊悔中痛定思痛，汲取教訓，下一次做得更好。

簡而言之，這裡有些基本原則幫助你，盡可能讓分手順利，平和落幕。

♥不要以電子郵件、簡訊或甚至在電話中提分手。

- 在決定分手「之前」，就要努力先排除障礙，把一些該做的事都處理安頓好。
- 分手要斷乾淨（不表示將來不聯繫）
- 不要讓對話陷入互相指控的抱怨循環。
- 別對自己太苛求。
- 分手後要照顧好自己，整裝待發，生活要繼續前進。

看完如何結束一段關係之後，我們現在轉往正向的另一面：約會之後呢？如何採取下一步行動？如何正式確認與建立一段新關係，確保這段關係能細水長流、開花結果？這些議題，我們留待下一章來探討。

第十一章

長長久久

於是，你和伴侶的關係，穩定交往中，日復一日，周而復始，越來越堅定，越來越踏實。你接受上一章的測試，結果一如你預期的積極正向，這下你更篤定不疑了：你們這段感情牢不可破，想都不必想，根本沒有任何跡象或理由會分手。事實上，你學會的每一項功課，以及持續學習如何彼此相待的內容，都讓你對未來和伴侶一起建構的生活，滿心憧憬。你們的前景一片看好，穩定發展中。

說起來似乎輕鬆，但其實背後的努力與經營，也並非完全輕鬆的。你們花不少時間彼此認識與了解。你們精心安排與雙方家人朋友之間的相處與觀察，當然也盡心享受這些過程。你們學習一起吃喝玩樂，也學習一起爭執衝突。你們可以彼此安撫，也可以彼此激勵。顯然你們已圍起了屬於你們的伴侶圈圈，在圈圈裡，你們深感安全與備受保護。簡而言之，你已準備好讓這段關係超越約會，更往前邁進一步。

不過，這並不意謂著你將就此停止約會。你當然還要不斷約會下去。我的意思是，你們的關係已漸入佳境，即將超越一開始彼此初識的約會模式，準備進入相互承諾、忠誠相待的長期關係。或許有人會不以為然，覺得約會與互許承諾的「更忠誠」之間，其實很難說有什麼大區別。他們認為一切順其自然就好，反對任何關係確認的起點或儀式的宣告與認可，對他們來說，這些都是太武斷的繁文縟節。但我並不認同這樣的觀點。事實上，我認為，基於共同協議的原則所做出的正式承諾與誓約，是建構安穩關係的重要一步，不可或缺。

你可能認為自己介於兩個立場之間的中間點——既沒準備要分手，也沒準備要認真許下承諾。沒關係。你只需要花更多時間彼此審視與更多了解。我曾說過，這樣的過程可能需要一年的時間。不過，有些人或許要更久，說不定你就是其中之一。持續探索，心懷目標——好好確認你和你的潛在伴侶是否真有意願朝著更安穩與長久的關係發展。一旦你確定了，也許你也會準備樂於許下承諾。

我們將在這一章深入探討，為何要做出明確與詳盡的承諾，也列下你達成目標之前需要面對與處理的一些問題，以及你和伴侶可以達成什麼樣的共識。你能藉此機會按部就班走過這些過程，並量身定制屬於你們的伴侶協議。

為何承諾

其實，這整本書的宗旨就在於引導你建立一段穩定與長久的關係。你跟著本書的學習一路走來，也是想要如何超越那段「神經化學」主導下近乎成癮般意亂情迷的約會初期階段，努力發展讓你心滿意足、長長久久的情感連結。當然，大腦釋放的多巴胺與相關化學物質所刺激的興奮愉悅感，令人愛不釋手，但我們都知道這些化學物質對於建立安全感毫無建設與助益。從這段關係的現階段往前走到你們的未來，最重要的是，你和伴侶需要明白一件事：你們可以彼此倚靠。我相信，由你們擬定的正式協議，是落實深度連結的最佳方法，這麼一來，你們都能從雙方一同建立的安全感中，收穫滿滿，走得更踏實篤定。

制定屬於你們的伴侶協定，是作為伴侶一種成熟、真誠與智慧的表徵。從社會科學的角度來看，這樣的協議就是一份《社會契約》。如果我們回頭追溯到十七世紀——至少還在現代時期內——《社會契約》可以保障群體在共同協議的社會行為準則下安居樂業、和諧共處。同時，也確保個體的福祉與群體的利益之間維持一致，讓人人都能享有更高品質的健康與幸福生活。如果失去任何形式的社會協議，我們恐怕會活在一個無法無天、失衡失序的世界中。

從一個更宏觀的角度來看，我們可以說，這整個社會體制的運行自如，要歸功於社會中「理性大使」的努力，它們極力壓制任何蠢蠢欲動、危及和睦的原始本能或戰鬥力，取得主導權，掌控大局。這樣的情況，其實也可套用在你的個人關係中。到這個階段，你和你的伴侶應該已對彼此的原始本能與理性大使瞭若指掌。你們也知道誰該掌握大權。值得一提的是，你們雙方互許正式承諾與制定伴侶協定的其中一個主要理由是，確保你們的理性大使為你們的關係設下基調，讓你們有個目標可依循。你的理性大使善於為一段關係的長久延續，協商出有利雙方的條件。在它們的協助與支援下，你們可以放心落實彼此的共識，為你們的現在與未來制定一份雙方都心甘情願、樂於遵守的規範與原則。

在這個前提下，如果你選擇不制定屬於你們的協定，這段關係很可能因此陷入風險之中。有時候我們不得不承認，感覺與想法一如天氣，善變又反覆無常。如果你們的關係只靠當下的個人感覺行事，無疑也像天氣，瞬息萬變而難以預測。你將不自覺把過多的決定權交由原始本能主導，它們在面對關係的挑戰與困境時，或許不會以維繫關係的方向來行事與思量。

公開與正式承諾的意義，還包括其他原因。在我看來，人世間其實是個充滿無常、敵意與冷酷無情之地。如果你也認同「兩人總比一人單打獨鬥還要強」，那麼，伴侶關係的相互為伴確實可以讓這現實的世事更能忍受。透過互許承諾、建基於雙方共識所制定的協議，可以讓伴侶在面對各種情境時互相保護，否則，伴侶或單身，其實也沒什麼差別。或者更準確地說，那些各自為政且互相攻擊的伴侶，比起單身的人承受更大的壓力與焦慮。

正如本書開宗明義所說的，所謂關係，沒有絕對的真理。你想要一段什麼樣的關係，甚至你是否想要建立一段關係，都是你自己的選擇與決定。然而，如果你決定要發展一段具備安穩長久的關係，那你最終必然來到一個意義重大的關鍵點——心甘情願把自己託付予另一人。你的承諾當然基於你對這段關係的認可——超越你們雙方對安全與利益的挹注和肯定。對浪潮型與孤島型伴侶來說，向另一個人託付一生的想法，聽起來簡直就像被囚禁監獄，或至少像作繭自縛，堵死自己。不過，如果你已按著我在本書的進度按表操課、慢慢練習，我希望這些過程能幫助你克服懼怕或憤世嫉俗的箝制，預備好自己，滿懷期待和你所選擇的伴侶，一起來個「信心的跳躍」，向前邁進。

制定協議

還記得在夏季服務營隊上相識的錨定型情侶華倫與蘇嗎？他們後續的關係發展如下。兩人經過第一次約會後，展開兩個月的交往，然後開始同居，也見過雙方家人。這對情侶都對彼此坦承，他們確實相知相愛。其實，蘇在出發前往服務營隊前，曾經和她的鄰居有過幾次非正式的約會；她現在告訴華倫，希望雙方能確認關係、專一交往下去，進入互許承諾的下一步。此時此刻，他們決定要制定兩人的第一份伴侶協定。這項共識聚焦於發展一段排他性的兩人關係，而且要明確表達他們想要進一步發展伴侶關係的意願，和未來的走向。除了這些協定以外，還要包含以下共同遵守的承諾：

- ♥我們同意只和彼此約會，別無他人。
- ♥必要時，我們同意雙方會一起討論與重新評估新承諾的條約內容。
- ♥我們承諾要對彼此的感受——無論正面或負面——如實面對、坦誠相待。
- ♥我，蘇，承諾要和你，華倫，福樂共享。
- ♥我，華倫，承諾要和你，蘇，福樂共享。

一開始，蘇和華倫以輕鬆心態來面對他們所擬定的伴侶協定。事實上，當蘇第一次以「伴侶」來稱呼兩人的關係時，華倫還俏皮打趣附和：「對呀，就是一對被愛戀衝昏頭的傻子啊！」但隨著時間推移，他們都認真看待與落實這份協議，大約六個月後，兩人開始規劃結婚大事。他們最終決定要在許下婚姻諾言前，先同居一年。蘇不希望把同居視為正式訂婚，但在他們順利同居生活的幾個月後，就在蘇生日當天，華倫向蘇求婚，而她也欣然答應了。這段時間，兩人在他們的伴侶協定上，不斷更新與增加新的條款。

當他們在撰寫結婚誓言時，蘇與華倫都從這份伴侶協定的內容上，直接摘錄許多聲明。時至今日，這對夫妻仍不時更新與增加新元素到協定中，樂此不疲。最近的一則新條規是：「我們同意一起分享與承擔懷孕的過程，一如我們共同經歷懷胎九個月。」

還記得珍妮弗和布萊德利這對初次約在餐廳見面的男女嗎？提示一下布萊德利的特質：孤島型的他，很容易被餐廳裡出入的客人與鄰座分散注意力。珍妮弗與布萊德利之後也擬定了他們的伴侶協定，只是方式有些不同。這對情侶在訂婚前，交往了兩年。雖然他們之間有性行為的親密關係，但卻從未考慮要在婚前同居。當布萊德利求婚時，珍妮弗迫不及待，欣然接受。這對伴侶歷經許多溝通與努力，才慢慢克服兩人在關係互動上迥然不同的特質。雖然兩人的默契漸入佳境，但珍妮弗還是想要進一步確保婚姻生活能順順當當，於是，她詢問布萊德利是否可以制定一份伴侶協定。布萊德利最初有些抗拒，因為他預估訂婚時間會很長，同時也擔心會被珍妮弗提出的協定內容畫地自限，綁手綁腳。另一方面，他也期待自己的求婚大計能獲佳人點頭答應，權衡輕重後，他接受了珍妮弗的要求。

來看看珍妮弗與布萊德利的協定內容。他們的重點大多聚焦於兩人曾面對的溝通議題，確保雙方願意共同努力克服歧見，持續前進。比方說：

- 我們同意把所有議題盡速攤開來討論，不談妥就不睡，一定要聊到雙方都覺舒坦與放心之後，才上床睡覺。
- 我們同意在不打岔對話的前提下，常常彼此聆聽。
- 我們同意互相信任與善待。
- 我們同意給彼此多一次機會。
- 我們同意安排時間溝通，避免讓突發性的激烈對話影響彼此。

這份協定幫助珍妮弗和布萊德利順利訂婚，並在十八個月後步入婚姻殿堂。雖然他們沒有把協定內容納入婚禮儀式的誓約中，但他們持續以夫妻的身分，落實這份協定。他們經常以這些協議內容當成雙方互動的策略與方法，來處理生活中出現的歧見與不同議題，同時根據當下的情境，增加調整一些必要的特定條約。他們心中很清楚，這份協定意謂著兩人關係最基本的相處原則，雙方也樂於在必要時更新與重調措辭用語。例如，布萊德利建議他們寫下這段話：「我們同意把家裡製造的髒亂狀況保留至少兩天不整理。」經過討論後，這段內容略作修改到雙方都比較能接受的中立原則：「在支持彼此的創造力與尊重的需求之間，我們樂於取得平衡。」

再來看看另一對伴侶，凱莉與伊凡，那對在初次出遠門旅行時為了汽車旅館是否同房住宿而吵翻天的浪潮型情侶，交往九個月後，他們訂婚了。雙方都渴望讓這段關係一路高歌，開花結果。可惜的是，就在第一次約會即將滿一週年紀念前，兩人的關係陷入困境，進退兩難。他們尋求伴侶諮商的協助，諮商師在過程中提議他們寫下一份正式的伴侶協定。大部分協議內容側重雙方如何滿足彼此的安全感。例如：

- 我們同意要彼此倚靠。無論面對任何困厄，我們同心協力，因團結而更強大。
- 我們絕不讓過去的陰影阻礙當下的同在。
- 我們絕不使用語言當武器，而是以擁抱來互相療癒。

我們從這些故事中發現，雖然伴侶協定的基本目標是相同的，但制定的時間與方式，往往因不同伴侶的制定過程與應用而不盡相同。你可以在關係確認的初期便擬定屬於你們的協定，或作為你們結婚誓言的一部分。這些協議內容應該要因人而異，也需要按著你們的特定需求與互動過程的評估而量身定制。換句話說，雖然伴侶協定具備共同的基本要素，但並非放諸四海皆準，無法一體適用於天下所有的伴侶。你和你的伴侶都必須要一起努力，擘畫對你們雙方都有意義的共同約定。

你們互相謹守的誡律

伴侶協定的想法，不是我獨創的概念；你可以在各路媒體與書籍中找到類似的論述與制定的方法。許多範例大多著重伴侶之間的實際需求，例如他們期待的性生活頻率、寵物的所有權、財務管理等議題。其實，現在有越來越多的律師事務所也提供類似的伴侶合約。但我要先澄清，這些法定合約不是我所談論的內容。我要強調的是，從生物心理學的角度來看，伴侶協定是以穩定關係為前提而制定的一套相處之道。

你可以把你們之間的伴侶協定，看成類似《聖經》裡的「十誡」——基於雙方共識且為你們效力的一份精簡規範。這些「誡律」的精神，不僅對當下處境真能發揮重大助益，最好還能適用於你們的未來。我倒也不是要你精準擬定十條誡律，也並非主張你不得修改或增刪內容。

記住，你使用的語彙非常重要。我建議多使用聽起來類似的表達方式：「這是我們同意要做的事……這是我們同意不做的事。」如此一來，你們的伴侶協定看起來和道德禁令的嚴肅「十誡」就截然不同了。誰也不希望這份協定像大法官的大槌子，懸掛在你們頭上，遑遑不可終日。當然，我相信你們也不會以雙方協議的約定當武器，互相攻擊。總而言之，這樣的協定原則代表的，是你們對這段關係的共同期待與盼望。

伴侶協定範例

下列重點已證實對許多伴侶帶來理想的成效，你不妨當例子來參考，希望有助於草擬屬於你們的協定。

- 我們彼此坦誠，知無不言，言無不盡；我們的目標是全然透明，毫無隱瞞。
- 發生任何事，我們是第一個知道的人，而非最後被告知的人。有任何問題，我們是彼此最先徵詢、尋求意見與幫助的對象，也會最先彼此互通所有重要訊息。
- 我們同意每天二十四小時、每週七天，隨時都能聯絡到對方，而且無怨無悔。
- 無論公開場合或私下，我們都會互相保護。
- 我們同意成為彼此的專家，也擁有對方的「使用手冊」；關於雙方的一切，我們最熟悉。
- 我們同意要努力經營這段關係，甚至比我們在職場上的表現還要用心。
- 我們是保護這段關係的守門員——所有試圖介入我們伴侶圈圈或危及我們無價資源的所有事物、想法、工作和人，都要經過我們的共同過濾與篩選。
- 我們絕不為一己之利而出賣對方，或將對方晾在一邊當無足輕重的電燈泡。
- 我們同意盡快合理地處理個人和共同的困擾，將解除痛苦置於其他一切之上，例如爭論對錯。
- 我們同意要盡快以合情合理的方式，來關照彼此的哀傷悲痛，把分憂解愁視為最優先處理的當務之急，其他如爭論對錯，都是其次。

- 我們同意不計代價與方法，盡快減輕伴侶的痛苦，修復任何已造成的傷害。
- 我們致力於建立真誠與互相善待的關係原則，把這段關係建立在平等、正義和敏感的基礎上。
- 我們同意不對這段關係進行任何情勒與恐嚇，因為我們深知這種威脅手段的後患無窮。
- 我們同意會特別留意任何讓對方備感威脅且侵犯雙方安全界線的言行：包括手勢、語氣、表情、動作與危險的語言等，以維護彼此的安全感。

【練習25】

擬定屬於你們自己的伴侶協定

本書中的所有功課與練習，都無須伴侶參與也能獨立進行，但這練習的條件是你們雙方都要一起參與。或許你是率先主張要制定正式協議的一方，但最終仍必須取得雙方的共識與一同努力的意願，才有意義。

請容我特別提醒。說到制定伴侶協定，對孤島型與浪潮型伴侶來說，或許會猶豫不決。這並不意外，只是反映了他們一般比較抗拒承諾的傾向。當他們看見承諾的內容字句被具體「寫下來」時，極有可能會加劇他們內在的恐懼與防禦。如果是這樣的話，我建議雙方要謹慎行事。強調這樣的協議是雙方都共同參與和努力的階段，可以紓解孤島型與浪潮型伴侶的焦慮，讓他們感覺較舒坦自在。還有一點要先理解的是，孤島型與浪潮型伴侶有能力制定約定，也可以履行承諾——包括協議內容上明確列出的承諾。

1. **初步討論**。首先，我建議你和你的伴侶一起坐下來，好好討論伴侶協定的想法。談談這樣的協議對你有何意義？對你們的關係有何助益？這裡有個重點：在真正擬訂與執行之前，雙方都要凝聚共識，先確認你們已準備好投入這些過程。

2. **制定你的契約**。我建議你們使用腦力激盪法，各自提出一系列可納入協議的原則。容許自己充分發揮創造力，海闊天空不設限、一刀不剪。之後會有時間讓你審查增刪。目標是盡可能條理分明、簡潔清晰、易於理解與執行。雙方都對協議內容有共識，包括違約狀況也要清楚列明，雙方都需要遵守與履行違約後的條款。

3. **取得共識**。詳細檢視你們所列下的所有協議內容，一起決定要把哪些陳述納入你們的伴侶協定中。修訂審核的時候來了。鉅細靡遺地深入探討每一項協議，直到你們彼此都滿意——無異議通過，或推翻否決。記得，所有協議內容都必須經過你們雙方的同意與共識。為了慎重起見，你可以把這份伴侶協定列印出來，雙方簽名。你甚至可以把這份協定掛在某個顯眼處，隨時可見。

4. **協定敲定後的慶祝活動**。許多伴侶喜歡在正式簽署伴侶協定後，特別規劃一場簡單的慶祝活動，例如喝杯酒，或出去吃頓飯。你們可以考慮把這份伴侶協定納入婚姻誓約的一部分，或含括在其他形式的關係誓言中。

5. **往前邁進**。伴侶協定是可以增刪與修改的，和「唯有死亡把我們分開」的婚姻誓約大不同。就讓伴侶協定隨著你們的關係一起成長。你可能會發現一些過去沒想過或以前尚未準備好簽訂的內容，甚至找到更好的方式來表達你最初構想的協議。

一起生活

許多伴侶在擬訂協議前會想先釐清一個問題——是否婚前同居，或做出其他形式的長期承諾。兩種關係模式各有其利弊。當然，兩種選項也同樣有其依據與成效；最終就看你們如何抉擇。

以我個人觀點，只要雙方同意，我傾向做出長期承諾之前，先婚前同居。共同生活可以讓你們更了解彼此，認清和眼前這位伴侶走進日復一日的繁瑣生活是什麼面貌。我們都知道，約會、蜜月與度假能讓你見識的日常實相畢竟有限。與其冒險進入婚姻或做出長期承諾之後才發現兩人無法一起生活，不如先讓雙方在柴米油鹽的現實生活中磨合相處，對婚後的狀況不僅有知有感，這段關係也更有成功的勝算。

當然，無論多麼小心翼翼與完全準備，總有出乎意料之外的後知後覺。我們都有未知、神祕與不為人知的祕密，有些事甚至連自己都無從知曉。戀愛關係之所以迷人與樂趣無窮，其中一個原因或許就是我們可以用盡一生，不斷去互相認識。儘管如此，一起生活可以為雙方爭取更大的時間與空間、更深入了解彼此，也更降低貿然許下婚姻誓約而懊悔莫及的機率。因此，在這樣的情境下，我的建議是，不妨在這樣的情境下先制定一份適合同居的伴侶協定，當你們的關係發展得漸入佳境時，再依據需求而調整條約內容。

違反協定

我真心想說，違約情事永遠不會發生。但事實不然。或許輕重有別，但一定會發生。當然，如果其中一方嚴重違反協定，那意謂著你們可能還沒準備好進入婚姻的長期承諾，或顯然此人不是你的人生伴侶。如果是這樣，你應該慶幸提前規劃了伴侶協定，讓你在婚前能認清實況而當機立斷，調整行動。請由此回頭，重返第十章，抱歉！

另一方面，如果只是稍稍踩點雷而小違約，那或許意謂著某些條約該修訂了。很可能其中的原則不夠完整。或許你們對這一項表面上看似接受但實際上根本就不認同。違約背後的原因千百種，不一而足；但好消息是，你們有足夠的空間進一步澄清與重新修訂這份伴侶協定。回過頭來看，小小違規其實未嘗不是好事一樁，因為這正好直指你和伴侶都需要重新省視、釐清與修復之處。

無論如何，我還是鼓勵你盡可能不要因伴侶的違約行為而互相懲罰，雖然你可能心有不甘而想讓對方付出代價。但其實懲罰不會讓你們的關係更緊密或穩定長久。你需要做的反而是重新檢視一下這份協議，看看內容中是否載明彼此如何解決發生違約情事與衝突。如果你還沒訂下這些相關約定，那就趁此時機，好好釐清你們想要遵守的原則，有了共識，再把這些內容增添到這份伴侶協定裡。

關鍵提醒

本章內容意謂著新舊交替的里程碑——終結某個階段性的關係，同時啟動另一層新關係的開始。當你們進入婚姻關係或準備立下長期承諾時，彼此審視期也宣告正式結束。因為你們雙方已選定彼此為長期伴侶了，再繼續審視試驗就有違公正平等原則了。當然，從今爾後，你們會繼續互相了解，只不過，你們不會再把認知的一切當成判斷對方是否適合當伴侶的依據。

以下是訂立伴侶協定時，值得注意的一些原則：

- 向對方展示這是充分協力合作的過程。
- 使用簡單明瞭、直接的語言。
- 制定協議時，保有創意與過程中的樂趣。
- 協議內容以提升安穩的關係為最主要原則。
- 不要利用你們的協定或部分內容去脅迫你的伴侶。
- 不要把你們的協定當成彼此對付的手段，也不要嚴禁任何條約的修訂或優化。
- 竭盡一切所能遵守你們所立下的協議，堅定不移。

第十二章

一直都在約會中

面對來找我諮商的夫妻伴侶時，我最常問的其中一個問題是：「你們是不是彼此的男朋友與女朋友？」（或同志伴侶則是「彼此的男朋友」，以此類推）這些伴侶大多已維持一段長期的穩定關係，且行之有年。他們一聽這樣的提問，大部分的回應是詫異不解。「什麼意思？我們還是男朋友、女朋友的關係嗎？」其中一位伴侶反問，「我們已經結婚了。我們現在早就超越男女朋友的關係了。」

這是普遍常見的觀念，我認為那是個錯誤的觀念。就算你們的關係已進入婚約保障，我相信你應該持續保有約會模式，至少要維持某種「約會」程度的狀態。唯有透過約會模式，才能引導你開創新鮮感、興奮感和類似我們在第二章所討論的那種「令人新奇的陌生感」。

崔西和我算是老夫老妻了，但我們至今仍持續約會。我們的約會經驗以出差遊歷居多，尤其自從我們創建了PACT（Psychobiological Approach to Couple Therapy）學院以後，一起出遠門的體驗就更頻繁了。這家我們共創的學院，訓練心理治療師如何使用本書為根基的生物心理學技巧，並應用在專業的領域上。我們經常到不同的訓練場域去授課，包括國內與國外，因此常有機會到各處走走看看，也認識新朋友；這樣的生活，讓我們樂此不疲，非常享受。

對我們來說，旅行是個團隊合作的過程。我們已把旅行變成一門科學，值得我們探究。其中一個最考驗旅途的心得之一是——無論旅途長時與長途，限制我們如何化繁為簡，「只能攜帶隨身行李」——這得感謝妻子崔西。我們分擔主導的角色。崔西是「偵察者」，而我是「追蹤者」。由於我們都喜歡和陌生人交流互動，所以，無論在飛機上或火車車廂裡，甚至在最奇特的地方，我們總能認識形形色色的人。無論我們到哪裡，似乎都會發生一些出其不意的事，從讚嘆驚喜到荒唐驚嚇，不一而足。

其中某次場合中——不過那一次不是出差——我們在夏威夷的威基基海灘散步，悠悠哉哉從一家飯店走到另一家。我們偶然發現有個地方正舉辦露天舞會，一時興起便臨時決定參加。正當我們載歌載舞時，我們開始注意到在場的人幾乎都戴著黃色花環。於是，我們好奇詢問另一對舞池中的伴侶，才知道原來當晚出席的都是一場再婚儀式的伴侶。還沒等我們反應過來，我們倆的脖子上已被套上黃色花環，我們就這樣莫名其妙重新「再婚」了。

我不是說你們也需要不斷旅行好讓關係保鮮，以維持約會狀態。其實，無論你們做任何事，只要是新奇或有些冒險好玩的事，都可以把你們帶回約會模式中。我們的理性大使渴望新鮮感，想要體驗這種新鮮感的絕佳途徑就是帶著對方一起踏上出乎預期的奇異旅程。

我和崔西常常互相督促勇於闖蕩一些單獨時不會輕易嘗試的事，光是過程中這一來一往的對話，就是一場協商的藝術。我記得有一晚，崔西想到我們最愛的老地方喝喝小酒，而我卻一心想看場電影。只需要最簡易的福爾摩斯偵察技巧就會發現——我向來不喜歡只為喝酒而出門，但她卻偏愛做些可以沉浸兩人世界的活動。結果呢？我們最後決定先去看場電影，然後再去小酌怡情，順便聊聊看過的電影。雙贏策略，但我們也各自妥協與讓步。

我只是分享個人的一些經驗來說明，其實每一段關係都是一場冒險之旅，也隨時都在發展與進行中。我不在乎你到底自認「境界多麼超越」；伴侶之間的彼此激怒與互相踩雷，是難免甚至常有的事。兩人也會為了愚蠢的瑣事而吵翻天。說了不該說的話，讓自己懊惱不已。還有許多諸事不順的爛日子。

但是，這些都不該把你嚇壞。你已掌握了觀察審視與正念思維的技能，也知道如何調節彼此的神經系統。你已識破與解構了許多關於愛情的普遍迷思。你對錨定型、孤島型與浪潮型傾向所可能出現的行為，有充分的認知與警覺，也曉得要如何有效因應。你理解開創「伴侶圈圈」的重要性，無論公私領域都要竭力彼此守護，還要認真照顧彼此的哀傷，盡速為對方分憂解勞，互相安撫。簡而言之，待完成的功課不少，挑戰也不易，但你已具備可用的器具，隨時派上用場。

當我說，約會是永不止息的——我無意打擊你或讓你誤以為自己只能不斷約會摸索而「永不可能達成戀愛目標」。恰恰相反呢。我其實是鼓勵你善用從這本書所學到的知識，不只應用在幾個月或幾年的約會上，而是進一步把這些技能帶進你的長期關係裡。讓這些功課持續不斷發揮功效，確保你們的關係細水長流，日益茁壯。約會可能是你此生最開心享受與振奮人心的其中一段經歷。繫好安全帶，準備出發了——約會愉快！

致謝

首先，我必須感謝身兼編輯與好友的朱德・柏曼（Jude Berman），他的督促與鼓勵總能戰勝我個人的逃避與島嶼本性，催促我持續書寫。一如我曾經說過的，我是站在多位導師的肩膀上才能完成這些任務，他們一直是激發與啟蒙我的大師——艾倫・肖爾（Allan Schore）、詹姆斯・馬特森（James Masterson）、瑪麗安・梭羅門（Marion Solomon）、史蒂芬・佩奇（Stephen Porges）、哈維爾・漢瑞克斯與約翰・高特曼（John Gottman）等。

我還要打從心底最深處，感激幾位我所愛所敬重的人，從海倫・拉凱利・亨特（Helen LaKelly Hunt）開始，她與哈維爾・漢瑞克斯博士一起為本書撰寫前言；海倫・費雪（Helen Fisher）、路易斯・科佐里諾（Lou Cozolino）、丹尼爾・席格（Dan Siegel）、埃琳・巴德（Ellyn Bader）、派特・奧古登（Pat Ogden）、派特・羅夫（Pat Love）、傑弗瑞・薩德（Jeffrey Zeig）、比爾・歐漢龍（Bill O'Hanlon）、丹尼爾・懷爾（Dan Wile），當然還包括艾拉妮絲・莫莉塞特（Alanis Morissette）。

參考書目

Ainsworth, M. D. S., S. M. Bell, and D. J. Stayton. 1971. "Individual Differences in Strange-Situational Behaviour of One-Year-Olds." In *The Origins of Human Social Relations*, edited by H. R. Schaffer. New York: Academic Press.

Bowlby, J. 1969. *Attachment and Loss*. New York: Basic Books.

Brazelton, T. B. 1992. *Touchpoints: Your Child's Emotional and Behavioral Development*. Reading, MA: Perseus Books.

Desilver, D. 2014. "5 Facts About Love and Marriage." *Fact Tank*. Retrieved from http://www.pewresearch.org/fact-tank/2014/02/14/5-facts-about-love-and-marriage/

Ditzen, B., U. M. Nater, M. Schaer, R. La Marca, G. Bodenmann, U. Ehlert, and M. Heinrichs. 2013. "Sex-Specific Effects of Intranasal Oxytocin on Autonomic Nervous System and Emotional Responses to Couple Conflict." *Social Cognitive and Affective Neuroscience* 8(8):897–902. doi:10.1093/scan/nss083

Fisher, H. E., A. Aron, D. Mashek, H. Li, and L. L. Brown. 2002. "Defining the Brain Systems of Lust, Romantic Attraction and Attachment." *Archives of Sexual Behavior* 31(5):413–9.

Fisher, H. E., L. L. Brown, A. Aron, G. Strong, and D. Mashek. 2010. "Reward, Addiction, and Emotion Regulation Systems Associated with Rejection in Love. *Journal of Neurophysiology* 104(1):51–60.

Hazan, C., and P. Shaver. "Romantic Love Conceptualized as an Attachment Process. 1987. *Journal of Personality and Social Psychology* 52:511–24.

Hendrix, H. 2007. *Getting the Love You Want: A Guide for Couples*. New York: Henry Holt.

Lutz, J., et al. 2014. "Mindfulness and Emotion Regulation: An fMRI Study." *Social Cognitive and Affective Neuroscience* 9(6):776–85.

Marazziti, D., H. S. Akiskal, A. Rossi, and G. B. Cassano. 1999. "Alteration of the Platelet Serotonin Transporter in Romantic Love. *Psychological Medicine* 29(3):741–5.

Marazziti, D., and S. Baroni. 2012. "Romantic Love: The Mistery of Its Biological Roots." *Clinical Neuropsychiatry* 9(1):14–19.

Mickelson, K. D., R. C. Kessler, and P. R. Shaver. "Adult Attachment in a Nationally Representative Sample." 1997. *Journal of Personality and Social Psychology* 73(5):1092–106.

Moreland, R. L., and R. B. Zajonc. 1982. "Exposure Effects in Person Perception: Familiarity, Similarity, and Attraction." *Journal of Experimental Social Psychology* 18:395–415.

Moullin, S., J. Waldfogel, and E. Washbrook. 2014. *Baby Bonds: Parenting, Attachment and a Secure Base for Children.* London: The Sutton Trust.

Parrott, L., and L. Parrott. 2013. *The Good Fight: How Conflict Can Bring You Closer.* Brentwood, TN: Worthy Publishing.

Perrett, D. I., K. A. Mai, and S. Yoshikawa. 1994. "Facial Shapes and Judgments of Female Attractiveness." *Nature* 368:239–42.

Phillips, R. 2013. Uninterrupted Skin-to-Skin Contact Immediately After Birth. *Newborn and Infant Nursing Reviews* 13(2):67–72.

Porges, S. W. 2009. "Reciprocal Influences Between Body and Brain in the Perception and Expression of Affect: A Polyvagal Perspective. In *The Healing Power of Emotion: Affective Neuroscience, Development, and Clinical Practice,* edited by D. Fosha, D. Siegel, and M. Solomon. New York: Norton.

Porges, S. W. 2011. *The Polyvagal Theory: Neurophysiological Foundations of Emotions, Attachment, Communication, and Self-Regulation*. New York: Norton.

Princeton University, Woodrow Wilson School of Public and International Affairs. 2014. "Four in 10 Infants Lack Strong Parental Attachments. *ScienceDaily.* Retrieved from www.sciencedaily.com/releases/2014/03/140327123540.htm

Reis, H. T., M. R. Maniaci, P. A. Caprariello, P. W. Eastwick, and E. J. Finkel. 2011. "Familiarity Does Indeed Promote Attraction in Live Interaction. *Journal of Personality and Social Psychology* 101:557–70.

Schore, A. N. 2002. *Affect Regulation and Repair of the Self.* New York: Norton.

Siegel, D. J. 2007. *The Mindful Brain: Reflection and Attunement in the Cultivation of Well-Being.* New York: Norton.

Smith, A., and M. Duggan. 2013. "Online Dating & Relationships." *Pew Research Internet Project*. Retrieved from http://www.pewinternet.org/2013/10/21/online-dating-relationships/

Statistic Brain. 2014. *Online Dating Statistics*. Retrieved from http://www.statisticbrain.com/online-dating-statistics/

Tatkin, S. 2012. *Wired for Love: How Understanding Your Partner's Brain Can Help You Defuse Conflicts and Spark Intimacy*. Oakland, CA: New Harbinger Publications.

Tessina, T. 2008. *Money, Sex, and Kids: Stop Fighting about the Three Things That Can Ruin Your Marriage.* Avon, MA: Adams Media.

國家圖書館出版品預行編目（CIP）資料

戀愛腦依戀障礙：如何既享受粉紅泡泡，又能尋得理想伴侶？/ 史丹．塔特金（Stan Tatkin）著；童貴珊譯. -- 初版. -- 新北市：橡實文化出版：大雁出版基地發行，2025.06
面；　公分
譯自：Wired for dating : how understanding neurobiology and attachment style can help you find your ideal mate
ISBN 978-626-7604-54-0（平裝）

1.CST: 戀愛心理學　2.CST: 性別關係　3.CST: 依附行為

544.37　　114004734

BC1141

戀愛腦依戀障礙：

如何既享受粉紅泡泡，又能尋得理想伴侶？

Wired for Dating: How Understanding Neurobiology and Attachment Style Can Help You Find Your Ideal Mate

作　　者　史丹．塔特金 博士（Stan Tatkin, PSYD）
譯　　者　童貴珊
責任編輯　田哲榮
協力編輯　朗慧
封面設計　廖勁智
內頁排版　歐陽碧智
校　　對　蔡昊恩

發 行 人　蘇拾平
總 編 輯　于芝峰
副總編輯　田哲榮
業務發行　王綬晨、邱紹溢、劉文雅
行銷企劃　陳詩婷
出　　版　橡實文化 ACORN Publishing
地址：231030新北市新店區北新路三段207-3號5樓
電話：02-8913-1005　傳真：02-8913-1056
網址：www.acornbooks.com.tw
E-mail信箱：acorn@andbooks.com.tw
發　　行　大雁出版基地
地址：231030新北市新店區北新路三段207-3號5樓
電話：02-8913-1005　傳真：02-8913-1056
讀者服務信箱：andbooks@andbooks.com.tw
劃撥帳號：19983379　戶名：大雁文化事業股份有限公司

印　　刷　中原造像股份有限公司
初版一刷　2025年6月
定　　價　480元
I S B N　978-626-7604-54-0